绵阳经济技术开发区年鉴

MIANYANG ECONOMIC AND TECHNOLOGICAL DEVELOPMENT AREA ALMANAC

2016

绵阳经济技术开发区年鉴编纂委员会　编

方志出版社

Publishing House of Local Records

图书在版编目（CIP）数据

绵阳经济技术开发区年鉴. 2016 / 绵阳经济技术开发区年鉴编纂委员会编. —北京：方志出版社，2017.4
ISBN 978-7-5144-2405-8

Ⅰ. ①绵…　Ⅱ. ①绵…　Ⅲ. ①经济开发区–绵阳–2016–年鉴
Ⅳ. ①F127.713-54

中国版本图书馆 CIP 数据核字（2017）第 073666 号

绵阳经济技术开发区年鉴（2016）

编　　者：绵阳经济技术开发区年鉴编纂委员会
责任编辑：罗　滔
出 版 人：冀祥德
出 版 者：方志出版社
地址　北京市朝阳区潘家园东里 9 号（国家方志馆 4 号）
邮编　100021
网址　http://www. fzph.org
发　　行：方志出版社发行中心
电话（101）67110500
经　　销：各地新华书店
设计制作：成都力扬文化传播有限公司
印　　刷：成都勤德印务有限公司
开　　本：889×1194　　1/16
印　　张：18
字　　数：314 千
版　　次：2017 年 4 月第 1 版　　2017 年 4 月第 1 次印刷
印　　数：001~500 册
ISBN 978-7-5144-2405-8　　定价：218. 00 元

2015 年 5 月 30 日，中央政治局委员、书记处书记、中央宣传部部长刘奇葆到绵阳调研，视察经开区旭虹光电科技有限公司（摄影　蒲滔）

2015 年 9 月 17 日，科技部副部长曹建林到经开区调研

2015 年 2 月 15 日，省人大常委会副主任黄润秋视察经开区科技型中小企业发展工作

2015 年 3 月 27 日，省政协副主席陈放到经开区调研

2015 年 8 月 11 日，市委书记彭宇行到利尔化学调研

CRODA SIPO
G1
CRODA SIPO
禾大西普化学（四川）有限公司
Croda Sipo (Sichuan) Co Ltd

禾大西普

美丰科技

雪宝乳业

旭虹光电

积家工业园

积家工业园

CHANGHONG 长虹
CHANGHONG 长虹
四川长虹电源有限责任公司
Sichuan Changhong Battery Co.,Ltd.

长虹电源

东材科技

丰谷酒业

幸福美丽新区

XING FU MEI LI XIN QU

经开区管委会（政务服务中心）

经开区全貌

产业化服务中心

城南新区一号桥

职工迎新晚会

福
2015 HAPPY
开启二次创业新征程
经开区2015年迎新春职工文艺演

中国民航飞行学院绵阳分院

塘汛小学

四川电子机械职业技术学院

市级文物拱辰塔

省级文物肖杨氏节孝坊

《绵阳经济技术开发区年鉴》编纂委员会

《绵阳经济技术开发区年鉴》编辑部

《绵阳经济技术开发区年鉴》（2016）
提供资料人员

（按姓氏笔划排序）

王进林	王敬溶	文　田	邓　飞	左海豹	卢苏姝
冉琴琴	母贤春	任安斌	向海波	刘　静	刘苇敏
刘怡君	闫石泉	阳　平	杨　敏	杨翔凯	肖琪川
吴　宇	何　刚	何雪梅	邹　斌	宋　涛	张　娟
张　骞	张又文	张丽娟	张春燕	张竞文	陈　宏
陈镜蔚	苟　莉	郁　江	岳筱满	胡　浩	姚若曦
袁　丽	黄军杰	蒋雪琴	惠　慧	喻珊珊	蒲美西
谭应龙	熊　伟				

编辑说明

一、《绵阳经济技术开发区年鉴》由中共绵阳经济技术开发区工作委员会、绵阳经济技术开发区管理委员会主办，绵阳经济技术开发区年鉴编委会编纂。2016年创刊，每年出版一卷。《绵阳经济技术开发区年鉴（2016）》为第1卷，上下限时间为2015年1月1日至12月31日，“特载”与首次刊载的部分资料时间有延溯。

二、本年鉴以马克思列宁主义、毛泽东思想、邓小平理论、“三个代表”重要思想、科学发展观为指导，贯彻落实习近平总书记系列讲话精神和治国理政新理念新思想新战略，坚持辩证唯物主义和历史唯物主义的立场观点，全面、系统、客观记载绵阳经济技术开发区（简称绵阳经开区）辖区年度内自然、政治、经济、文化和社会等方面的基本情况与重大事件。为区党工委、管委会机关部门、单位、驻区机构、社会各界人士，以及中外投资者了解和研究绵阳经开区提供丰富、翔实的地情资料。

三、本年鉴分类编辑，分类目、分目、条目三个层次，设有图片专辑、特载、大事记、综述、党务政务、人民团体、园区产业、招商引资、科学技术、财税·审计、平台公司建设、园区建设与管理、综合监管与服务、文化·教育·体育、卫生与人口计划生育、社会生活、镇·街道、附录等21个类目。

四、全书条目标题统一用黑体字加【】表示，正文为5号字体。全书有中英文目录（英文至类目）、索引，具有较完善的检索系统。在排版上，全书采用双栏排版，双页书眉为书名，单页书眉为类目标题。书页码在书脚左右角，并加色条。文中部分单位机构名称进行简称，请参照“绵阳经开区部门单位名称全称简称对照表”。

五、本年鉴所载稿件，均由绵阳经开区有关职能部门提供，并经过严格审核。统计表由经济发展局提供，业务部门统计数据由各主管部门提供。统计资料使用现行法定计量单位。因统计口径和统计时间的原因，有些数据可能与统计资料公布的数字有差异，应属个别情况，请根据实际需要取舍。

续表

单位（部门）	简称
镇·街道	
塘汛镇	塘汛镇
松垭镇	松垭镇
城南街道	城南街道
区直国有企业	
绵阳经开置业有限责任公司	经开置业
绵阳鑫之力投资有限责任公司	鑫之力公司
绵阳达坤投资有限公司	达坤公司
驻区单位（部分）	
绵阳市公安局城南分局	城南公安分局
经开区司法所	区司法所
绵阳市国家税务局经济技术开发区管理局	区国税局
绵阳市地方税务局第三直属税务分局	地税三分局
绵阳市国土资源局城南新区分局	城南国土分局
绵阳市城乡规划局城南分局	城南规划分局
绵阳市工商行政管理局经开分局	市工商局经开分局
绵阳市经开区消防大队	区消防大队
绵阳市公安局交通警察支队直属五大队	交警五大队

目　录

卫生与人口计划生育 Health And Family Planning

社会生活 Social Life

镇·街道
Town And Street

统计资料 Statistical Information

附　录 Elenchus

索　引 Index

特　载
Important Notes

明晰思路 凝聚力量 奋力谱写经开区“二次创业”新篇章

——区党工委书记毛一兵在经开区2016年工作会上的讲话

（2016年3月31日）

今天年度工作会的主要任务是总结2015年工作，表扬先进、鼓舞干劲，安排部署2016年工作，进一步明确工作思路、重点工作和目标任务，动员全区上下迅速把思想和行动统一到区党工委、管委会的决策部署上来，形成“一心一意谋发展、凝心聚力抓落实”的工作氛围，谱写经开区“二次创业”新篇章。刚才，代宏主任全面总结了2015年工作，对2016年工作思路、工作措施和目标任务，特别是重点工作进行了系统的安排部署，各位分管领导也进行了具体工作安排，我都赞同，请大家抓好贯彻落实。下面，我强调几点。

一、认真总结2015年工作，坚定加快发展的信心和决心

（一）引领作用充分发挥，执政能力不断提升

2015年，区党工委按照抓党建、促发展的工作思路，认真落实省、市产业园区党建工作会议精神，积极探索建立“党委领导、行政负责、市场运作、创新驱动”园区工作运行机制和“管委会+公司”开发模式，坚持按照民主集中制原则决策重大事项，区党工委、管委会领导班子科学决策能力不断提升。逗硬执行党建述职评议制度，制定党建责任清单和规范党员干部行为，配齐镇（街道）组织委员和统战委员，选派第一书记驻村帮扶，镇（街道）实行“大工委制”达100%，社区实行“大党委制”达51.7%。督促各级党组织严格履行党要管党、从严治党的政治责任，全面落实党建工作责任，使党建支撑发展能力进一步增强。全区各级党员干部作风明显转变，获评2015年度全市党风廉政建设责任制考核先进单位，形成了风清气正、崇廉尚实的良好政治生态。

（二）产业发展加速加力，经济持续快速增长

始终保持专注发展的定力，坚持产业投资工作主线，规划信息安全、现代服务业、化工环保、食品医药、广告传媒五个专业园区，全年新引进项目44个，其中亿元以上项目15个。狠抓项目建设，全年新开工项目15个，投资总额61.48亿元。深入贯彻落实“两个一号工程”，瞄准高端装备制造产业、电子信息产业、生物产业，突出智能装备制造、重大成套设备制造、

电子核心基础、生物制品制造、生物技术应用等重点方向，着力推进高新技术产业和战略性新兴产业发展。规划建设电子商务产业园，引进“两新”产业项目13个，新增科技型中小企业352家，实现高新技术产业总产值27亿元、战略性新兴产业产值52亿元，经济持续快速增长，全年区本级实现GDP58.48亿元，同比增长9.1%；全社会固定资产投资实现85.32亿元，其中工业投资41.1亿元，技术改造投资40.76亿元；规模以上工业增加值增长11.3%；服务业增加值增长率10%；区本级财政收入4.2亿元，同比增长45%。

（三）社会事业不断进步，民生持续改善

通过保障性住房、学校、医院等重点民生项目建设，大力改善辖区社会民生。全年投入民生工程资金2亿元，完成省级民生工程10项、市级民生工程29项。投入保障性住房建设资金约6616万元，全面完成保障性住房581套和开工改造城市危旧房棚户区90户目标任务。做好公租房配租工作，实现困难群众居有定所。完成南区花园跃进统建房A区一期工程，塘汛、城南拆迁群众统建房分购1171套，面积93473.8㎡。完成塘汛小学操场、十九中学操场改造，塘汛小学教学楼扩建工程规划、立项、资金筹措正在进行。富临实验小学扩建工作有序推进，即将进入实施阶段，全年减免幼儿保教费28.5万。全区企业职工养老保险参保达到1.3万人，城镇基本医疗保险参保达到1.5万人，老失地农民参保1972人，总人数达到3670人。

面上工作取得一系列成绩的同时，一些重点工作，特别是打基础的工作也取得重要进展。一是打下产业发展的项目基础。干产业项目，必然需要一定时间的前期工作，才能实质开工，要不然就只有冒险蛮干。在现在国土、规划政策越来越严的情况下，不可能再蛮干硬干。通过这两年我们建立的项目推进机制和做好的前期工作，一些项目2016年一开年就可以实质开工。二是打下工作推进的资金基础。2014、2015这两年，在没有增收因素，减收压力增强情况下，偿清了欠市财政的1.8个亿。并且还筹集3500万元，解决了3500人的老失地农民参保问题。过去几年过春节基本把钱用于清偿拆迁款、工程款等，过完年基本没钱推项目了，而2016年开年后情况大为改观，重点项目重点工作的启动资金已经留存，开年即可顺利推进。三是打下未来发展的空间基础。2015年，围绕木龙河两岸，对木龙河两岸土地进行重新梳理，提出了高效利用方案，正在报市级部门和市政府审批，一旦同意，意味着经开区没有经营性土地收益的问题得到一定改观，这为未来几年空间布局形成了较好的思路。四是打下支撑发展的融资基础。平台公司2011年恢复组建，到2013年几乎没有资产注入，但仍然在2011年至2014年获得了上级1.1个亿的项目补贴资金，这充分说明平台公司的支撑性非常重要。通过2014、2015年的努力，我们实现了一批资产的注入，除了土地，还启动并购一些经营性资产，松垭污水处理厂特许经营权、东虹工业园资产、融资担保公司股权收购等都取得实质性进展。同时开始了平台公司法人治理结构完善工作。公司融资能力大大增强，2016年前三个月公司实际完成融资已经有3个多亿。

这些成绩的取得，是全区广大党员干部群众不畏困难、共同努力的结果。在此，我代表区党工委、管委会，向全区广大党员干部群众和关心支持经开区建设发展的各界人士、企业家表示衷心的感谢并致以诚挚的敬意！

二、科学研判新形势新常态，理清2016年发展总体思路

2016年是实施“十三五”规划的开局之年，做好全年各项工作，意义重大。下面，我就做好今年工作，再强调以下几点。

（一）科学研判形势

做好2016年工作，需要冷静、客观、科学的分析研判面临的环境和形势，找准差距和优势，明确工作思路，精准施策、对标发力，确保稳中求进、持续发展。刚才已经分析了继续往前走的工作基础，大家也看到目前大的经济环境，总体是2016年整个社会资金量将比2015年更宽松，资金量充足，融资成本就会下降，这为我们继续做实平台公司，提供了较好的外部环境。随着开发建设推进，经开区内特别是城南新区内开发的楼盘入住率逐渐上升，给我们发展三产，特别是一般商贸服务业的发展带来非常好的一个机会，我们必须抢抓这个机遇。

也有不利因素。除了所面临的结构性、体制性和历史性的问题，还需要下力气、下功夫，去呼吁、去争取、去化解以外，我们必须看到，第一，企业投资意愿在下降。一开年就已经有项目土地挂了牌，企业不摘牌。2014年、2015年城南新区范围内一批商住用地拍卖直接流拍，没人买。第二，企业运行效益令人担忧。包括美丰等规模以上的企业运行效益都在下滑。2016年国家可能要尝试实施两个重大举措。一是债转股，银行投给企业的融资、贷款，如果出问题了，银行不再去追企业，直接从贷款变成股权。二是对企业，特别是对中小企业的结构性的税收调整，进一步为企业减负，来改善企业运行效益。第三，房地产去库存的压力仍然十分大。绵阳的房地产市场2016年初明显回升，1—2月份，上升38%左右，大家一片欢欣鼓舞。但经测算，绵阳房地产市场去库存仍需要22个月，加上历年的积累，去库存压力更大，这与经开区范围内新的房地产项目开工和原有的市场销售的税收收入直接相关，意味着2016年税收增长支撑不足。

做好2016年工作，我非常赞同几位分管同志说的“成绩归零，从头开始”。2016年工作，难度再大、挑战再高，都必须坚决推动。比如，平台公司资产注入，我们一直强调，一旦启动就是一次赛跑，一轮一轮的滚动，如果跑不赢资金利息，我们就输了，所有工作都成了为银行打工。因此，这些重点工作，不启动则罢，一启动就必须加速跑。

（二）明确工作思路

2016年的总体工作思路是，继续坚持“产业项目投资”工作主线，继续按照“负重自强、二次创业”工作要求，把握稳中求进工作总基调，以完善规划为统领，着力优化产业布局；以项目推进为核

心，着力稳定经济增长；以强化招商为手段，着力增加有效投资；以做强三产为抓手，着力完善城市功能；以平台建设为突破，着力激发内生动力；以优化服务为路径，着力提升发展环境，努力实现“十三五”发展良好开局，为加快建设千亿产业园区和现代山水生态新区再立新功、再添新彩。

（三）明确着力方向

第一，向发展要实力。只有发展了，我们才能挺起腰杆说话。这句话是针对经开区的特殊区情所说的。这一点，要说到形成共识，说到变为行动为止。园区的发展，区域的发展，只有发展了我们才能解决当前面临的困难和问题。

第二，向改革要活力。体制机制的障碍，我们一方面要向上争取改革，同时要勇于突破现有体制机制的障碍，向改变要活力。

第三，向转型升级要效益。工业效益不好，土地成本倒挂，税收结构不合理，这是我区经济发展和财政税收面临的一个重要问题，只有加快发展第三产业、一般商贸服务业，才能优化园区产业发展结构并带来税收结构的改善。

三、扎实落实各项工作举措，全面完成2016年各项任务

（一）坚定发展战略，稳定经济增长

全区上下必须坚定不移地按照“建设千亿元产业园区和现代山水生态新区”的战略目标，坚持“稳中求进、创新突破”的工作基调，坚持工业主导地位和三次产业协调发展相结合，精心组织实施项目年，顺势而为、乘势而上，推动经开区在新的起点上创造新业绩、实现新突破。

1. 狠抓规划布局，促进产城互动。强调三项工作。第一，今年是“十三五”开局之年，也是“十三五”规划的编制之年，我们就“十三五”规划的编制召开了专题会，要通过规划明确回答未来五年发展的发展目标、具体工作措施、发展的空间布局和政策保障等若干问题。第二，2016年有一个重大的机遇，市政府启动控详修编。必须紧紧抓住控详修编工作机遇，结合2015年已经明确了空间布局思路，不断向上争取，推动做好控制性详细规划修编工作，做好全域规划，争取换来经开区空间布局新的一轮调整，最终实现经开区发展钱从哪里来的问题。第三，两镇一街道必须切实承担场镇建设主体责任，认真梳理场镇空间，利用建设“幸福美丽绵阳”契机，推进场镇空间优化和美化、亮化工作，要系统梳理、逐步推进，力争年内实现场镇主入口亮相和主要商业中心确定及综合风貌整治工作。

2. 狠抓项目引进，确保投资增量。强调四项工作。第一，进一步完善项目推进机制。我们已经形成了一套项目推进的基本办法，把各个部门、各位领导全部拉进项目推进工作中来，是希望在全区上下形成一个人人肩上有项目的工作氛围。各位部门一把手，你们一人陪着一个项目从招商引资一直到项目落地，陪完了你们才知道在当今的政策环境下，一个项目落地、建成有多么困难。只有你们了解了项目推进的困难，你们才会对全区项目推进工作更加理解支持。要进一步明确项目部门工作职责，我们安排让部门参与项目跟踪服

务，是因为我们的工业项目跟房地产和基础设施项目不一样，工业企业，特别是中小型工业企业不知道一个项目从规划到国土到环保手续该怎么办理。所以，我们要求责任部门一把手要与企业家交朋友，要全过程、保姆式地带着企业跑，帮着企业出谋划策。牵头领导要帮着企业化解矛盾，催促镇（街道）推进征地拆迁，协调征地拆迁中的问题。要压实责任，镇（街道）要以完成项目交地为工作目标，责任部门要以项目入库为工作目标，村（社区）要以做好镇（街道）所分配的征地拆迁的具体工作，切实做好已拆迁新建土地的管护工作和项目进场维稳工作为目标。这些工作年终都要实施有效考核，逗硬奖惩。

第二，实行项目专员制。从招商引资，到项目推进、竣工、投产，全过程设置项目专员。区经发局、投促局和产服中心要尽快明确一批项目专员岗位和项目专员。大项目一个专员对一个项目，小项目一个专员对几个项目。对项目专员，特别是其中的聘用人员给待遇，有项目就拿待遇，项目完成待遇取消。项目落地前投促局有人盯；项目落地后产服中心有人盯；项目开工以后，为企业提供各种项目资金、产业资金的争取、入库登记服务等，经发局要有人盯；对规划、环评、用地的一些政策的指引指导，住建局要有人盯。我们不能有更多的项目补贴，就只有拿出让人满意的服务。请陈鼎副主任牵头，4月中旬必须把项目专员名单拿出来，尽快对接到项目上去。

第三，全面推进2016年的既定项目。重点点一下这些项目。城南街道今年工作重点是长虹工业园二期和“美丽绵阳”的三江体育公园拆迁。塘汛镇重点推进洪恩片区拆迁。松垭镇重点推进松垭5号路及其两侧和笔架山项目拆迁。其他项目也要统筹安排、全面推进。

第四，做好招商引资工作。突出做好三个方面的工作。第一，做好专业园区招商工作，努力开展以商招商、委托招商、合作招商。第二，做好沿产业链招商工作。注重使用好“工业产品画册”，突出围绕优势产业，有针对性地开展产业链招商。第三，重点做好服务业的招商引资工作。

3. 抢抓产业机遇，促进三产提速上档升级。城南新区范围内商贸服务业和全区范围内现代服务业正在迎来一个新的发展机遇。要主动作为，抢抓机遇，促进一批三产，特别是商贸服务业项目落地。后发也有优势，可以起点高一点，提速快一点，迅速上档、升级，实现一个高品质、高品位的服务业格局。需要强调的是，一定要做好规划引导和重点项目跟进以及政策配套工作，其他地方招引服务业项目，可以给予土地等多方面优惠，我们没有这个条件，我们只有良好服务，并配套其他综合政策，相信也能有一番作为。

4. 保持经济运行平稳增长，防止经济运行大起大落。要深入企业调研，帮助企业解决难题，确保工业项目建设和经济运行的要素保障。狠抓大企业战略，帮助一批企业做大做强。研究一企一策，帮助困难企业摆脱困境。要用好应急转贷资金，园保贷和国有控股的融资担保公司，对一些中小型企业提供应急的支持和帮扶，不能眼看有发展前途的企业死掉而袖手旁观。当然，对确属落后产能的企业，该淘汰也得淘汰，并帮助其转型升级。

（二）坚持创新驱动，推进“一号工程”

努力发挥国家级经开区改革试验田作用，深入实施“两个一号”工程和创新驱动发展战略，加快培育高新技术和战略性新兴产业，加快发展电子商务和“互联网+”产业，加快建设创新服务体系，促进现代化高端产业集群发展。

1. 加快发展“两新”产业。强调两项工作：第一，加快专业园区建设。信息安全园的豆萁、中经云两个项目必须落地，请城南街道做好保障；广告产业园也必须落地两个项目；化工产业园的利尔新增项目要加快建设；生物医药园和装备产业园要力争有破题性项目。第二，狠抓“两新”企业创新能力提升。年内力争包装、储备“两新”产业项目35个，引进15个，新增高新技术企业6家，高新技术技术产业总产值实现32亿元。

2. 加快发展电子商务。第一，做好摸底工作。第二，切实解决电子商务产业承载问题，即电商企业往哪里落的问题，并认真做好吸引电商企业入驻的政策配套工作。

3. 加快创新体系建设。2015年我们拥有了东虹工业园这个自有可控的专业孵化器，2016年要对其管理、运行等进行提升，并实现“一个中心孵化器、多个专业孵化器”构想。要花大力气加快完善“双创”服务体系建设，力争在园区真正形成大众创业、万众创新的良好氛围。

（三）推进幸福经开区建设，促进发展成果共享

把民生作为工作的出发点和落脚点，坚持“保基本、广覆盖”原则，把老失地农民参保和居民点配套设施建设作为民生工作重中之重，扎实推进。同时，全面实施民生工程项目，加快推进幸福美丽经开区建设，使群众共享园区发展成果。

1. 抓好基础设施建设。第一，重点做好已推进产业项目的基础设施配套，特别是道路建设。第二，进一步完善园区和居民小区的排污管网建设。力争中13路南延段、松垭镇5号路、F20道路及污水管道、绵三路以西燃气管网在年内建成或部分建成，加快实施松垭8号路改造、绵州大道辖区段绿化等项目，积极推进居民点配套设施建设，努力提高亮化、绿化水平。同时，将翥鹤堰改造作为重点项目之一，按照市上要求的时间节点完成任务。第三，进一步完善和提升全区供水能力，必须想办法保障好松垭镇生活用水和生产用水。

2. 抓好民生工程建设。强调几项工作：第一，老失地农民社保。目前，塘汛镇和城南街道范围内的老失地农民社保问题解决方案已经基本讨论成熟，必须加快推进。同时，赶在政策关门之前，加紧研究和解决松垭镇老失地农民的社保问题。第二，居民点的基础设施配套。请朝晖同志、龙运金同志2016年首先安排做这个事情，特别要注重解决好城南新区范围的问题，解决好全区居民点广场硬化、亮化问题。第三，把松垭的丘区规划建设当大事情来对上争取，要积极找机会，求支持，积极做好市交通局、农口和新农村建设等

元国家专项建设基金、7000亿元中央预算内投资，以及省市“应急转贷”“园保贷”等项目，梳理储备包括工业、科技、基础设施、环保、民生、教育、卫生、基层政权、农业在内的一批项目，并包装一批精品项目，争取国家、省、市支持。

（二）补齐发展短板谋长远。当前经开区经济发展还有一些短板，我们一直在努力。今年要着重从三个方面入手：一是基础设施体系建设短板。以“产城一体、产城相融”为目标，加快新型城镇化建设，努力解决塘汛镇、松垭镇城镇建设水平不高，松垭片区未真正融入城市等问题。努力抓好木龙河小流域治理、翥鹤堰改造工程及其沿线污水收集管网建设。配合市上搞好二环路、一环路南段工程、省道205改线工程、三江六岸主体景观带建设、国道108改线工程等城建和交通建设。配合做好城市轨道交通前期工作，努力使经开区陆地和空中交通网络更发达。二是投融资平台建设短板。出台国有企业管理考核办法。组建投资控股集团，控股坤泰融资担保公司，完善公司法人治理结构，努力增加公司经营性项目，实现投资多元化，增加公司经营效益。用“滚动开发”方式尽快完成133.33公顷土地资产注入工作。适度增加负债规模，力争实现债券发行目标，年内融资力争新增5亿元。三是商贸业发展短板。大力发展生活服务业。依托已有基础，重点打造机场路商圈、涪滨路商圈，发展三江湖水上及沿岸休闲运动服务业。扶持桃花岛国际假日酒店、通州府酒店等项目健康运营，推动太平洋院线、万达影院加快建设，启动建设大中型医院前期工作，完善购物、餐饮、公交等城市服务功能，吸引外来人口聚集，着力提升园区人气、商气。

（三）促进产业升级调结构。大力实施“两个一号工程”，推动化工环保、电子信息等传统优势产业与高端装备制造、生物产业等新兴产业协同发展、互补发展，打造特色优势产业集群，提高产业核心竞争力和可持续发展能力，加快构建现代产业体系。一是推动工业提质增效，鼓励现有主导产业的龙头企业投资“两新”产业，提升高新技术产业和战略性新兴产业在工业产业中占比。推动旭虹光电、豆萁科技等发展电子核心基础产业，军民融合典范企业利尔化学等发展节能环保产业，东材科技发展新型高分子材料产业，推动晶彩科技“新能源动力装备制造”项目尽快落地发展高端装备制造产业。年内力争储备、包装“两新”产业项目35个，引进15个，新增高新技术企业6家，高新技术产业总产值实现32亿元。二是加快发展现代服务业，推动先进制造业和现代服务业特别是生产性服务业相融互动、相得益彰。特别注重加快发展电子商务和“互联网+”。依托电子商务产业园、南湖电子产业园，力争引进300家电子商务企业。对轻资产企业给予特殊扶持补助政策，推动已有电子商务应用企业、平台企业以及电子商务服务企业做大做强，力争培育5户以上电商重点企业。同时，推动“四上”企业向“互联网+制造业”“互联网+服务业”转变，推进互联网和电商在二、三产中普及应用。

（四）坚持共享发展惠民生。加大财

政支出投向民生领域力度，让发展成果更多更公平惠及全区人民。一是抓好民生工程建设。集中力量抓好老失地农民养老保险参保工作，妥善解决拆迁安置历史遗留问题。加快推进跃进统建房二期建设和南塔片区统建房建设，让拆迁群众早日得到住房安置。积极推进保障性住房分租工作，努力完成兴塘小区等3个老旧小区和棚户区300户改造任务，确保困难群众住有所居。向上争取并采取多方投入方式，大力改善丘区道路及农田水利设施落后现状。二是抓好社会事业发展。加快推进富临实小改扩建，力争明春投用；启动塘汛小学扩建，完善学校校舍功能。推动万江眼科医院建成投入使用，积极完善学校、医院布局，并力推1~2个项目开工建设。加快文化和体育设施配套，尽快启动一批小区文化广场建设。提高学校、幼儿园教学质量，努力推行素质教育。做好门牌、路牌设置工作，方便企业和群众办事。加大食品安全工作和质量技术监督工作力度，确保人民群众平安、健康。组织开展多种形式招聘活动和职业技术培训，推动“大众创业、万众创新”，加快农民向市民转变步伐，让辖区群众安居乐业。

（五）*着力改革开放优环境*。坚持把改革开放贯穿经济社会发展全过程、全领域，以先行先试赢得发展先机，解决经济建设瓶颈问题，努力保护来之不易的发展环境。一是推进专项改革。认真实施“三证合一、一照一码”工商登记制度改革，降低企业准入门槛。做好财税体制调整后续工作，解决应划入未划入企业归属地划转问题。继续推进“园保贷”省级试点改革，为创新企业融资方式进行有益探索。从提高供给质量出发，用改革的办法推进结构调整，积极实施供给侧结构性改革，增加有效投资，扩大有效供给，帮助制造企业消化落后产能，帮助房地产企业去库存。二是推进政务改革。继续推进行政审批改革和政务服务体系建设，积极推行“放、管、服”改革，完善并联审批工作，缩短项目报建报批时间。强化对项目政务服务的队伍建设，继续实行“领导+部门+项目专员”联系服务制，坚持“项目不建成，专员不撤回”，推行项目专员跨部门全程跟踪服务，更好地发挥项目专员作用。在企业服务上，由经发局牵头，可自己组织，也可商会组织，搭建平台，分电子、化工、装备、生物等行业，开展商业模式、业内前沿方面的培训和深度交流；同时，注意搭建银企平台，组织有合作意向的银行、区内保险公司向有需求的企业详细介绍金融产品和办事流程。三是提升开放水平。抢抓国家实施“一带一路”战略机遇，统筹推进双向开放。努力争取，力争经开区加入中德创新创业平台。推进精准选商选资，围绕园区成熟的电子信息、化工环保等主导产业上下游，重点跟踪旭虹光电、利尔化学、禾大西普等新项目，年内力争引进投资额5亿元以上项目4个，其中10亿元以上1个。加大高端装备制造制造产业招引力度，年内力争实现破题。

三、切实搞好依法行政和行政效能建设

全区上下要将“真抓实干”作为工作座右铭，以依法行政带动法治经开区建

设，打造守规矩、有作为的干部队伍，努力以干部的勤奋指数，提升城市的繁荣指数、市民的幸福指数。

（一）强化责任意识。要提高行政能力，落实“为民、务实、清廉”要求，牢固树立全局意识，强化民主集中制、分工负责制和“一岗三责（业务工作、廉政建设、安全生产）”制。要提高部门执行能力，各负其责，协调联动，形成合力。要认真贯彻市委、市政府重大决策部署和区党工委、管委会工作要求，对部门职责范围内的事情敢于负责、敢于决断，不能推诿扯皮、不能上交矛盾、不能推卸责任。要提高干部干事能力，引导干部用心想事、善于谋事、勤于干事，压实责任，打造群众满意、作风优良、能打硬仗的干部队伍。

（二）严格依法行政。要加强民主政治建设，管委会和镇（街道）政府遇“三重一大”要主动请示党工委、党委进行民主决策。实行议事决策法律顾问和风险评估制度，提高依法行政水平。要规范行政和执法行为，进一步完善权力清单、责任清单和负面清单，严格规范行政执法和自由裁量权，坚决查处违法行政、执法寻租等行为。要深入推进依法治区，启动开展“七五”普法，完善依法信访和调处机制，依法落实企业主体责任搞好全区安全生产，严厉打击“四强”坚决维护建设施工环境，努力形成办事依法、遇事找法、解决问题用法、化解矛盾靠法的法治良序。由世权副主任负责研究和安排，依法对建设用地进行管护，已征待供的土地，交由村社管护，给予管护费。

（三）提高行政效能。我们只有通过提高效能、给予优质服务，来弥补没有优越硬环境、没有足够吸引力的优惠政策等方面不足。要强化服务意识，本着“真心热心诚心、便民为民利民”原则，搞好区、镇（街道）政务服务大厅、中心和村（社区）便民服务室建设，推行群众事务党员干部代理制，千方百计为企业和群众排忧解难。要改进工作作风，坚持严格落实首问责任制、限时办结制、责任追究制，千方百计剔除我们身上存在的“庸懒散浮拖”问题。要加强政务公开，推行财政预算公开，加大重大建设项目等政府信息公开力度，对涉及群众切身利益的征地拆迁信息尽量做到标准公开、补偿公开，千方百计保障公民合法权益。

（四）强化廉政建设。要锲而不舍、持之以恒推进正风肃纪，教育干部严格遵守“八项规定”，防止“四风”问题回潮反弹。要完善惩治和预防腐败体系，加强行政监察和审计监督，突出抓好政府采购、基础设施建设、征地拆迁、项目招引和融资等重要领域和关键环节的监督。要严格“三公”经费管理，完成公务用车改革，减少非生产性财政支出。要严格执行《廉洁自律准则》《纪律处分条例》，努力在全区营造风清气正、崇廉尚实、干事创业、遵纪守法的良好政治生态。

新闻聚焦

News Focus

面的社会主体参与“妇女儿童之家”活动，促进“妇女儿童之家”的发展。同时，积极开展法制宣传讲座、小型文艺表演、各类家庭评比表彰、妇女议事、创业指导、就业培训、现场技能传授、暑期儿童安全讲座等活动，深入推进家庭文化建设，引导妇女离开麻将桌，走出自家门，参加村居、社区活动，以实际行动融洽邻里关系，促进家庭和谐、社区和谐。（摘自《绵阳日报》2015年9月30日）

大事记

Memorabilia

1月

5日　绵阳经开区组织23家重点企业主要负责人开展依法办企依法治企谈心对话活动，要求企业毫不松懈做好依法治理和安全生产等工作。

6日　区党工委举行2015年第一次中心组学习会，邀请国务院参事、中央财经大学税务学院副院长、教授刘桓作题为《新常态下的宏观经济形势分析》的专题辅导报告。

8日　省政府调研组到绵阳经开区四川文化艺术学院文化科技产业园调研。省经信委主任王海林，省科技厅厅长刘东，省投资促进局局长刘中伯，省政府办公厅副主任钟承林参加调研。市委书记罗强，市领导张锦明、吴群刚、颜超，市委秘书长董晓彬，市政府秘书长夏明，区党工委书记毛一兵，区党工委副书记、管委会主任代宏陪同调研。

12—16日　区党工委书记毛一兵带队到芜湖华强文化科技产业有限公司、合肥（蜀山）国际电子商务产业园、微软（中国）有限公司、中经云数据储存科技（北京）有限公司、沈阳君盾科技有限公司等地开展投资促进活动。

13日　市委副书记、市长林书成到经开区美丰工业园、利尔化学、金达诺科技等公司调研企业发展工作。市政府秘书长夏明，市发改委、经信委、科技局负责人参加调研，区党工委副书记、管委会主任代宏等陪同调研并汇报工作。

15日　四川中智天安科技有限公司投资10亿元建设大数据光存储产业中心项目签约落户经开区。

22日　上海科菲实业有限公司投资1亿元建设年产4000万件液压挺柱体加工项目签约落户经开区。

23日　经开区党工委召开2015年第一次会议，学习传达市委六届八次全会精神，研究贯彻落实意见。

27日　中国原子能科学研究院副总工程师、特种材料专项工程部总经理岳维宏一行到经开区美丰科技公司参观并洽谈有关项目推进工作。

28日　省发改委副主任赵辉带领省委安全生产综合督查组到经开区督查安全生产工作。

△ 经开区召开安全生产会议，传达贯彻国家、省、市安全生产会议精神，总结2014年工作并部署2015年工作。区党工委书记毛一兵讲话，区党工委副书记、管委会主任，区安委会主任代宏主持。

2月

3日　绵阳好圣汽车零部件制造有限公司二期项目竣工点火仪式举行，市委书记罗强出席，市委副书记、市长林书成致辞，市委常委、科技城党工委副书记、管委会常务副主任颜超主持。

6日　省委宣传部、省交通运输厅、省文化厅主办的“文化列车·同心艺术团”

到经开区慰问演出。区党工委书记毛一兵，区党工委委员、纪工委书记张治冬现场看望慰问演员。

11日　绵阳经开区群众信访接待中心建成投入使用。

13日　市委常委颜超、张学民、唐炼、吴显仁到经开区看望慰问困难群众。

15日　省人大常委会副主任、九三学社四川省委主委黄润秋到经开区调研科技型企业发展工作，市领导王瑜、苗平，区领导毛一兵、黄琦陪同。

28日　绵阳市农业科学研究院荣获“全国文明单位”称号。

3月

4日　经开区2015年“春风送岗位—四项承诺”现场招聘会在同立广场举行。

8日　省委、省政府经济督查组到经开区督查经济发展工作。

10日　市人大常委会副主任刘文榜到经开区检查排污设施建设工作。

18日　经开区获绵阳市“2014年度就业创业工作先进单位”。

26—27日　市委党的群众路线教育实践活动第十督导组到经开区督导检查教育实践活动整改落实情况。

27日　省政协副主席、省工商联主席陈放到经开区专题调研科技型企业孵化器建设发展情况。

28日　副市长王瑜、市政协副主席艾尚林到经开区松垭镇调研休闲旅游业发展工作。

31日　市委书记罗强到经开区调研经济社会和党建工作，提出要坚定发展信心、抓好产业发展、抓好创新驱动、做好民生工作、抓好党的建设五项要求。

4月

1日　经开区召开动员会，启动集中开展打击强揽工程、强行推销建筑材料、强行租赁施工机械、强行运输等“四强”行为，整治建设施工环境工作。

2日　经开区召开2015年全区党风廉政建设教育大会。区党工委书记毛一兵出席并讲话，区党工委副书记、管委会主任代宏等在家的全体区领导出席会议。

14日　市委常委、科技城党工委副书记、管委会常务副主任颜超在经开区主持会议，专题研究长虹工业园二期项目建设工作，市级相关部门和区领导毛一兵、代宏、朱林参加会议。

△ 涪城区30多名人大代表到经开区调研考察。

15日　经开区召开全区领导班子思想政治建设工作会。区党工委书记毛一兵到会讲话，区党工委副书记、管委会主任代宏传达市委书记罗强到经开区调研有关情况。

△ 经开区与绵阳市晨龙建材有限公司签订投资1亿元，征地6公顷建设建筑垃圾循环利用再生集料项目的意向协议。

△ 四川东材科技集团股份有限公司申报的“一种磷系无卤阻燃共聚聚酯的制

备方法”专利，获2014年度绵阳市优秀专利一等奖。

△ 四川国豪种业股份有限公司与绵阳市农业科技研究院联合申报的《抗病高产小麦品种绵麦41等的选育与应用》成果，获2014年度绵阳市科技学技术进步一等奖。

△ 金达诺科技总经理杨安泽获评“绵阳市十大创新创业先锋”，利尔化学副总经理范谦、绿点农业总经理谢瑛获评“绵阳市十大创新创业导师”。

19—22日 区党工委书记毛一兵带队赴长三角地区开展投资促进活动。

27—28日 市委常委、科技城党工委副书记、管委会常务副主任颜超带领，经开区组团赴西安交通大学航天航空学院、西安电子科技大学开展创新创业推介活动。

29日 在绵阳市庆“五一”暨劳动模范和先进工作者颁奖大会上，经开区华晨瑞安公司王少先获“四川省第七届劳动模范”称号，雪宝集团张永甫获绵阳市“十大金牌工人”称号，全兴种业魏杰获绵阳市“十大最美劳动者”称号。

5月

4日　经开区管委会印发《绵阳经开区国有土地一级整理实施办法（试行）》。

5日　市政协副主席苗平到经开区深入积家工业园和美丰化工科技调研科技城建设三级政策实施情况，区领导毛一兵、朱林参加座谈会。

13日　绵阳经开区积家工业园举行联合工会委员会成立授牌仪式。

15日　旭虹光电“基于浮法工艺生产高强超薄铝硅酸盐触控屏玻璃成套技术开发及产业化”项目顺利通过四川省科技厅组织的科技成果鉴定。

17—18日　区党工委书记毛一兵赴武汉开展投资促进活动。

19日　禾大西普化学（四川）有限公司年产5000吨脂肪酸酯化产品生产线项目完成设备及管线安装，进入试生产阶段。预计9月完成试生产及相关设备调试，正式投入生产。

20日　市委副书记、代市长刘超到经开区，督促检查园区项目推进暨投资促进工作。市政府秘书长夏明，区党工委书记毛一兵，区党工委副书记、管委会主任代宏等陪同检查。

21日　市委书记罗强深入经开区金达诺科技有限公司等企业，调研科技型中小企业发展工作，并召集座谈会，听取科技型中小企业发展中的困难和问题，强调要进一步扩大总量，同时变“漫灌”为“精灌”，因企施策、精准服务，推动更多科技型中小企业做大做强，早日步入规上行列。市委副书记吴群刚参加调研，市委秘书长董晓彬参加调研和座谈，区党工委书记毛一兵参加座谈。

26日　经开区国有投资平台绵阳经开置业有限责任公司顺利取得房地产开发资质。

28日　四川省环境保护厅组织省、市有关部门和专家在成都召开审查会，原则通过了《绵阳经济技术开发区产业发展园区规划环境影响报告书》。

5月30日—6月2日　中共中央政治局委员、中央书记处书记、中宣部部长刘奇葆到四川调研。5月31日，他在绵阳深入经开区旭虹光电科技公司考察时指出，科技创新成果就是国家形象的闪亮名片；他要求，企业要扎实做好技术研发及科技创新工作；他希望市、区两级加快经开区转型升级创新发展。中宣部副部长、国新办主任蒋建国，人民日报社总编辑李宝善参加调研。省委书记王东明，省领导尹力、黄新初、吴靖平、黄彦蓉、曲木史哈分别陪同在川调研并参加有关活动。中宣部副秘书长陈永刚、办公厅主任常勃、研究室主任胡孝汉、文艺局局长汤恒、宣教局局长陈瑞峰，中宣部新闻局巡视员、副局长张小国，市委书记罗强，市人大常委会主任蒋仁富，市委副书记、代市长刘超，市政协主席张世虎，市委常委、宣传部部长张学民，市委常委、副市长刘少敏在绵陪同调研或参加有关活动。区党工委书记毛一兵，区党工委副书记、管委会主任代宏，经开区党工委委员、管委会副主任陈鼎等陪同在经开区的调研活动。

6月

1日　市政府任命：戴顺贵、周世权为绵阳经济技术开发区（绵阳科技城现代农业科技示范区）管委会副主任（绵府人〔2015〕9号）。

8日　经开区管委会印发《绵阳经济技术开发区产业发展专项资金管理暂行办法》，设立产业发展专项资金，用于支持产业发展。

10日　市政府副市长王瑜到经开区CBD万达广场调研服务业重大项目推进情况。市商务局局长潘大钦参加调研，区党工委副书记、管委会主任代宏陪同调研。

16日　经开区与绵阳市商业银行股份有限公司共同举办“携手绵商行·助力经开区”支持科技型中小企业发展深度对接会。区党工委、管委会主要领导毛一兵、代宏参加活动。

17日　市投资促进局局长邓辉到经开区调研招商引资工作。区党工委、管委会主要领导毛一兵、代宏参加座谈。

23日　绵阳市投资控股集团有限公司正式向经开区、涪城区移交建设绵阳城南新区项目红星小区北区统建房。

24日　经开区通过国家卫生城市省级复审。

25日　经开区党工委副书记、管委会主任代宏带领投资促进小分队赴成都考察四川德贝纳节能科技有限公司五恒生态空调项目。

29日　经开区隆重召开庆祝中国共产党成立94周年大会。区党工委书记毛一兵参加大会并讲话，区党工委副书记、管委会主任代宏等在家的全体区领导参加大会。

施倡导绿色低碳生活行动计划，通过拉横幅、印发张贴宣传资料、宣传车、手机信息报等方式对节能减排、低碳生活、抵制过度包装等方面进行宣传，增强民众的低碳意识、节约意识和环保意识。

【秸秆禁烧】 2015年，经开区按照《绵阳市2015年秸秆禁烧和综合利用工作方案》要求，以保护大气环境为目标，划定大面积的禁烧区，将松垭镇、各区域交界处以及闲置用地等重点、敏感区域全部纳入，实现“不烧一把火，不冒一处烟”的年度目标。发展秸秆综合利用与无害化处置工艺，由绵阳达坤新能源环保有限公司对秸秆进行回收和处置。2015年，小春生产约产生秸秆4348吨，处置秸秆约4155吨，处置率达到95.5%。

经济社会发展

【概况】 2015年，经开区主要经济指标运行平稳，辖区实现地区生产总值193.78亿元，同比增长9.10%。其中，第二产业148.13亿元，增长9.13%；第三产业45亿元，增长9.07%。工业总产值598.2亿元，同比增长9.86%。固定资产投资85.32亿元，同比增长3.02%。进出口总额37.34亿元。截至2015年底，有各类企业2398家，其中“四上”企业138家。

【农村经济】 2015年，全区实现农林牧渔业总产值2.83亿元，农业增加值1.39亿元。年末实有耕地面积668.2公顷。全年粮食作物种植面积537公顷，减少68公顷；经济作物种植面积411公顷，减少91公顷，其中蔬菜种植面积319.5公顷，减少36.4公顷。全年粮食产量4170.1吨，比上年减少1587.3吨。油料总产量629.8吨，比上年减少52.6吨。蔬菜产量1.16万吨，比上年减少0.35万吨。出栏生猪1.8127万头，猪肉产量1203.33吨。出栏小家禽26.9641万羽，禽蛋产量5050.61吨。水果产量235吨。全年义务植树约1000株，投入资金8.1万元。全年有效灌溉面积463.19公顷，全年化肥施用量（折纯）0.2061万吨，农村用电量3864.7万千瓦时。

【项目与投资】 2015年，经开区列入省重点的项目有4个，完成投资3.13亿元；市重点项目11个，完成投资31.46亿元。全年梳理续建、新开工项目76个，概算总投资248.62亿元。完成全社会固定资产投资85.32亿元。

【国民经济和社会发展“十三五”规划编制工作】 2015年，经开区成立国民经济和社会发展“十三五”规划编制领导小组，领导小组办公室设在区经济发展局，负责日常工作。将经费纳入财政预算，全区各镇（街道）、部门（单位）全员参与编制工作，确保各项工作有序推进。至年底，已形成“十三五”规划主体框架初稿。规划编制中，注重梳理和储备“十三五”重点项目。经梳理，该批重点项目共计42个，规划估算总投资591.68亿元，2016—2020年规划投资518.31亿元，项目涵盖战略新兴产业、优势特色产业、现代农业、旅游业、现代服务业、特色产业园区、重大基础设施、重大民生及社会事业、重大生态建设及环保等多个领域。

工业经济发展

【概况】 2015年，经开区工业总产值598.2亿元，同比增长9.86%，其中规模以上工业企业产值582.27亿元，同比增长11.3%；规模以上工业企业主营业务收入512.13亿元，同比增长7.02%；规模以上工业企业利润总额41.54亿元，同比增长1.62%；规模以上工业企业91家，同比增长9.6%。实施省、市、区重点项目40个，建成36个，完成工业投资额41.1亿元，同比增长1.2%；技术改造投资40.76亿元，同比增长0.3%。

【4家企业获高新技术企业认定】 2015年，经开区有4家企业获高新技术企业认定，分别是：绵阳禾本生物工程有限公司、绵阳六合机械制造有限公司、四川湟恩动物药业有限公司、四川宇峰科技发展有限公司通过高新技术企业认定。截至年底，经开区高新技术企业总数达到15家。

四川湟恩动物药业有限公司

表2　　2015年绵阳经开区高新技术企业名录

序号	企业名称	认定时间
1	四川国豪种业股份有限公司	2013年
2	绵阳市维奇电子技术有限公司	
3	四川蜀旺科技有限公司	
4	四川旭虹光电科技有限公司	
5	四川同舟化工科技有限公司	2014年
6	四川阳光水务工程设备有限公司	
7	利尔化学股份有限公司	
8	四川长虹电源有限责任公司	

续表

序号	企业名称	认定时间
9	绵阳市金华洋电器制造有限公司	2014 年
10	绵阳华晨瑞安汽车零部件有限公司	
11	四川东材科技集团股份有限公司	
12	绵阳禾本生物工程有限公司	2015 年
13	绵阳六合机械制造有限公司	
14	四川湟恩动物药业有限公司	
15	四川宇峰科技发展有限公司	

【“两新”产业】 2015年，经开区加快引进和培育高新技术和战略性新兴产业（简称“两新”产业)。重点发展高端装备制造产业、电子信息产业、生物产业三大主导产业，突出智能装备制造、电子核心基础、生物制品制造、生物技术应用等重点方向。区党工委、管委会成立“两新”产业推进工作领导小组，制定《加快引进培育高新技术产业和战略性新兴产业的实施意见》(以下简称《意见》)，《意见》从发展目标、招商引资、企业培育、主导产业、创新能力建设、产业载体建设等多个方面明确“两新”产业年度发展目标及路径。《意见》要求要着力引进重大项目，推动企业升级改造，提高产业配套能力和服务水平，促进区域专业化、特色化发展。

2015年，包装和推出“两新”产业项目22个，引进9个；战略新兴产业实现主营业务收入50亿元，占规模以上工业主营业务收入比例达63%；高新技术企业实现总产值27亿元；建成科技企业孵化器5个、13.1万平方米，其中“众创空间”2个，综合性孵化器1个，专业孵化器1个，加速器1个，在孵科技型中小企业190余家；培育科技创新龙头企业，新增规模以上科技型中小企业4家。到2015年底，全区科技型中小企业累计总数达到805家，其中规模以上科技型中小企业48家。

【“园保贷”增信融资项目】 2015年10月，经开区获批成为全省“园保贷”首批试点园区。“园保贷”的主要做法是：由省级财政和产业园区安排补偿金，园区企业按贷款的2%的比例缴纳互保金，三方合作共同形成风险补偿资多池。风险补偿资金专户托管与合作银行。合作银行按省级财政和产业园区补偿金总额10倍以上的金额，放大对园区企业提供融资支持。依托政府注入风险补偿金和企业缴纳互保金为增信手段，实现去保担化，增强企业信用，可实现企业提供低质押物实物资产评估值（按银行抵押率折算后）不高于贷款本金50%，贷款利率不超过基准利率上浮20%的目标，有效降低企业融资门槛和成本。11月，区管委会与合作银行建设银行绵阳富乐支行和邮储银行绵阳高新支行及四川工创投资发展有限公司签订三方合作协议。12月，通过省财政资金匹配和园区自筹资金（1：1比例）方式，筹集到1200万元作为“园保贷”配套风险补偿资金，可融资额度超过1.2亿元。截至年底，已有鑫科源环保科技有限公司等多家公司提出申请，拟通过该新型渠道进行融资。

表3　　2015年绵阳经开区规模以上工业企业名录（部分）

序号	企业名箊		
1	四川雪宝乳业有限公司	30	绵阳川汽动力总成有限公司
2	绵阳合源电力设备有限责任公司	31	绵阳泰源电子有限责任公司
3	绵阳市三江化工有限责任公司	32	绵阳禾本生物工程有限公司
4	四川美丰实业有限公司	33	绵阳兰天纸业有限公司
5	四川绵阳利尔化工有限公司	34	绵阳天听纸业有限公司
6	绵阳富邦电控设备有限公司	35	四川美丰化工科技有限责任公司
7	华润雪花啤酒（绵阳）有限责任公司	36	四川同舟化工科技有限公司
8	绵阳市晨龙混凝土有限公司	37	绵阳嘉合锻造有限公司
9	绵阳艾萨斯电子材料有限公司	38	四川绵阳黄河电子电器有限公司
10	绵阳安普电器公司	39	绵阳市东方丝绸有限公司
11	绵阳港华燃气有限公司	40	绵阳市京基实业有限公司
12	绵阳市恒信磁性材料有限公司	41	绵阳市长兴商品混凝土有限公司
13	绵阳市华阳实业有限责任公司	42	绵阳金鑫铜业有限公司
14	绵阳市天旋气门组件有限责任公司	43	绵阳建设商品混凝土有限公司
15	绵阳华晨瑞安汽车零部件有限公司	44	四川国豪种业股份有限公司
16	绵阳金华洋电器制造有限公司	45	绵阳市宏益塑料制品有限责任公司
17	绵阳市葡露实业有限公司	46	四川泷海洋制药有限公司
18	四川绵阳重业齿轮有限责任公司	47	四川天红牧业有限责任公司
19	绵阳三江美亚水电有限公司	48	四川绵阳好圣汽车零部件制造有限公司
20	绵阳西金科技发展有限公司	49	四川绵科电子科技有限公司
21	绵阳市正阳科技有限公司	50	绵阳双胞胎饲料有限公司
22	四川日普精化有限公司	51	绵阳六合机械制造有限公司
23	四川长和科技有限公司	52	四川汉鑫软木制品有限责任公司
24	四川西普化工股份有限公司	53	四川省川正公路工程有限公司
25	绵阳市正阳新材料有限公司	54	绵阳金宇实业有限公司
26	绵阳海立电器有限公司	55	四川农大高科有限责任公司
27	绵阳市维奇电子技术有限公司	56	四川同路农业科技有限责任公司
28	绵阳万瑞尔汽车零部件有限公司	57	四川蜀旺科技有限公司
29	四川旭虹光电科技有限公司		

工作，2012年5月聘任研究员。

在长期的油菜育种工作中，她主持和参与育成油菜新品种30个（次）。荣获省、市级科技成果奖7项，其中中华农业科技二等奖1项，四川省科技进步二等奖1项，绵阳市科技进步一等奖4项，市科技进步二等奖1项，获农业部植物新品种权9项，创社会经济效益20亿元。先后在《西南农业学报》等专业刊物上主笔和合作发表科研论文13篇。参与完成的“利用组织培养实现油菜核三系法育种的技术”2011年获得了国家发明专利。2015年，经经开区文明办推荐，被评选为绵阳市第四届敬业奉献道德模范，经市文明办推荐，被省文明办评选为四川好人。

【四川好人吴兰芳】 吴兰芳，女，汉族，1963年生，初中学历，经开区塘汛镇桃源村居民。1983年与丈夫张述龙结婚后，勤劳持家，十余年来，她精心照料瘫痪卧床的公公、多病的婆婆和有精神病的丈夫。2015年，经经开区文明办推荐，被评选为绵阳市第四届孝老爱亲道德模范，经市文明办推荐，被省文明办评选为四川好人。

表 7 2015 年经开区文明单位名录

序号	级别	单位名称
1	国家级	绵阳农业科学研究院
2	省级	四川文化艺术学院
3	市级	民航飞行学院绵阳分院
4	市级	绵阳经济技术开发区管委会
5	市级	绵阳市地税局第三直属分局
6	市级	绵阳市第十九中学
7	市级	绵阳市德政街小学
8	市级	绵阳市经济技术开发区富临实验小学
9	市级	城南公安分局
10	市级	经开区国税局
11	市级	绵阳市经开区松垭人民医院
12	市级	四川电子机械职业技术学院

党务政务

The Party Affairs

利义务以及全国统一举报电话。结合干部联系村、访民情、纪检干部下基层等活动，深入基层、深入群众，现场接受群众咨询、解疑释惑。通过发放宣传手册、卡片等形式，宣传纪检监察信访举报工作。区纪工委监察局印发《绵阳市园区纪检监察机关信访举报工作管理暂行办法》，引导群众依法逐级、归口反映问题。通过活动，加深与群众的沟通交流，营造良好氛围，使纪检监察工作进一步透明化，便民化。

【思想政治建设法纪警示教育会】 2015年6月16日，区党工委举行2015年第七次中心组学习暨领导班子思想政治建设法纪警示教育会。区党工委书记毛一兵主持会议。区领导朱林、张治冬、陈鼎、杨朝晖、戴顺贵、周世权等参加学习会。学习会上，邀请国内知名制度反腐学者和纪检监察实务专家、中国纪检监察学院原副院长李永忠做题为《用输不起倒逼必须赢——习总书记五次全会讲话精神解读》的专题辅导报告。报告从“四个全面”下的制度治党，四个重点要求中的守纪遵规，四项制度建设基础上的破立关系等三个方面，全面解读习近平总书记在十八届中央纪委五次全会上的讲话精神，深刻分析当前我党党风廉政建设和反腐败斗争的严峻复杂形势，阐释新形势下党和国家反腐败工作和政治体制改革的目标任务和新的要求。

【“学准则、知条例、明规矩、守纪律”知识竞赛】 2015年12月29日，经开区举办“学准则、知条例、明规矩、守纪律”知识竞赛活动。区党工委书记毛一兵，党工委委员、纪工委书记张治冬出席并颁奖。全区基层党组织9支代表队参加比赛。此次竞赛是全市开展组织党员学《中国共产党廉洁自律准则》和《中国共产党纪律处分条例》竞赛活动的重要组成部分，旨在推动两项法规的贯彻落实，普及党规党纪知识。全区6个基层党（工）委及两个区直属国有公司党组织共9支代表队参加比赛。通过必答题、抢答题、风险题三个环节的激烈比拼、城南街道党工委代表队获一等奖，其他党组织分获二、三等奖。

【“创三优、铸利剑、树新风”活动】 2015年，全区各纪检监察机关紧密结合工作实际，开展“创三优、铸利剑、树新风”活动，切实解决自身建设和正风反腐中存在的主要问题，推动各项工作再上台阶。通过开展“讲政治、守纪律、守规矩”学习教育、专题民主生活会、“三严三实”专题教育等活动形式，践行“六项承诺”，建立工作“日记实、季考评、年考核”制度，抓好“三转”培训等有效机制，发挥典型的示范引领作用，总结和积极推广“创铸树”活动中的好经验、好做法，营造比、学、赶、超的良好氛围。

【重点工程项目监察】 2015年，区纪工委围绕中央、省、市重大决策部署，深化工程建设领域突出问题监管治理力度，对二环路、污水处理厂建设等15个重点项目，电子商务和“互联网+”、中小河流综合治理和水源地污染防治工程、秸秆禁烧及其他重点工作进行监察。同时抓紧抓实闲置土地处置专项监察工作，对存在问题责成主管单位进行整改，确保项目建好，干部不倒。

【“八项规定”贯彻落实情况监督】 2015年，区纪工委在春节、清明、“五一”、端午、中秋、国庆节等节庆期间，开展落实“八项规定”和“四风”问题专项检查2次，发现问题11个，责令限期整改，对相关单位及责任人进行了处理，诫勉谈话5人。开展公务用车检查4次，核查违规使用公车问题2个，对涉及的2个部门主要负责人进行约谈。集中开展私设“小金库”和滥发津贴补贴、严禁收受红包礼金、规范工会经费管理等专项整治工作，全部达到规定要求。全年，区廉政账户收到主动上交红包礼金68492.56元（含利息）。

【“四风”和腐败问题专项整治】 2015年8月24日，区纪工委印发《绵阳经开区关于认真解决发生在群众身边的“四风”和腐败问题实施方案的通知》，重点解决发生在群众身边的“庸懒散浮拖”问题、门难进脸难看事难办、土地流转和旧城改造中违纪违法、农村集体“三资”管理违纪违法等九个方面问题。建立联席会议制度，健全职能部门协调沟通机制，加强信息沟通，定期通报工作情况，成员单位每月向区纪工委监察局书面报告本系统本行业整治工作情况，确保发生在群众身边的“四风”和腐败问题越来越少，干部作风越来越好。

【行政效能监察】 2015年5月16日，区党工委印发《绵阳经开区行政决策合法性审查规定》，对全区各部门（单位）行政权力进行清理，制作公布经开区行政权力清单，公示办事指南143项，权力运行图134项，着力构建预防腐败系统，让权力在阳光下运行。在全区各级机关开展行政效能和作风明察暗访6次。收到省委巡视组交办件5件，全部办结。

【信访案件办理】 2015年，区纪工委监察局收到和接待各类来信、来访34件（重复件4件），其中投诉举报类28件，初核信访件26件。省委巡视组交办件6件，全部办结。办理中，始终把纪律挺在前面，着重查处了一批发生在群众身边的腐败案件和“四风”问题。全年立案7件，办结4件，在办3件，对7人做出党纪政纪处分，其中被开除党籍2人、1人留党察看2年、1人留党察看1年、3人严重警告，追回违纪金额78680元。对1个单位领导班子成员集体诫勉谈话1次，个人诫勉谈话5人。

依法治区

【概况】 2015年，经开区扎实做好“六五”普法收官工作，以“法律七进”为载体加大法治宣传，直接受众人数达10万余人；完成滨江河堤广场法治阵地打造，实现法律顾问在园区、镇（街道）、村（社区）三级全覆盖。区司法所牵头提供免费法律援助案件服务72件，法律咨询583人次，帮助受援群众避免和挽回直接经济损失595.6万余元；调解各类矛盾纠纷80件，成功调解所涉金额达1009.28万元，化解一批群体性涉法涉稳案件；全年新接收社区服刑人员32人、期满解除38人，年末在册56人；做好7名未成年社区服刑人员特赦工作；在全市率先开展“社区服刑人员心理疏导项目”试点工作。

【法治建设和普法】 2015年，以健全落实“会前学法”、普遍建立“法律顾问”为抓手，深入开展“法律七进”（法律进机关、进学校、进乡村、进社区、进寺庙、进企业、进单位）和重点节点的普法宣传工作，完成“六五”普法终期检查验收。全区区镇两级开展“会前学法”160场次，学习参与人数达1200人次。实现园区、镇（街道）、村（社区）三级法律顾问网络体系全覆盖、重点企业法律顾问广泛覆盖。全年，在广场、社区等公众聚集场所开展集中法治宣传9次，受众近万人次；利用春节、“3·15”“6·26”等重要时间节点开展法治宣传7次，印制各类法律宣传画册、折页25000份，受众约2.5万人次，制作“六五”普法专题展板20张，以案释法普法展板10张。完成滨江河堤广场法治阵地打造。

【外来企业投诉服务】 将外来企业投诉服务工作纳入“五位一体”（人民调解、法律援助、法治宣传、法律服务、外来企业投诉服务）公共法律服务体系，与律师、人民调解、法律援助资源有效整合。通过搭建矛盾纠纷调处平台、咨询服务处理平台和综合管理服务平台，在全市园区中率先成立商会，参会企业已达76家，囊括电子信息、化工环保、食品医药、房地产业、汽车商贸、文化传媒等十余种行业。通过走出去、请进来，全年走访企业、商会42家，深入企业开展“法律体检”10次，开展服务经济园区专项法律服务6次。

【法律服务】 2015年，全区司法行政系统维护司法公正，以诚信、优质、高效法律服务为目标，助推法治经开建设。园区管委会机关、3个镇（街道）、25个村（居）三级法律顾问网络体系全覆盖，重点企业法律顾问广泛覆盖。公证服务推行“5+2”工作制度（5是正常工作日，2是周六、周日两天，采取轮流值班的工作模式）和“绿色通道”，实施预约上门服务和延伸服务，在经开区法律援助工作

“6·26禁毒宣传日”区司法所开展禁毒法治宣传

站建立公证便民服务点。全年办理公证预约8件。

【法律援助】 2015年，全区司法行政机关构建“一小时法律援助服务圈”，建立规范化法律援助工作站1个，建立镇（街道）规范化法律援助联络点3个。发放宣传资料1万余份，接待群众1089人次，援助662人次，受理案件72件，为群众挽回或避免损失595.6万元，处理重点涉稳案件4件。受理民工讨薪专案80件160人次，讨回欠薪4000余万元。

【人民调解】 2015年，全区探索“坝坝调解”“随手调解”“流动调解”等调解方式，扩展调解组织网络体系和工作覆盖面。全区共有人民调解组织53个，专兼职调解员299人。全区各类人民调解组织受理纠纷案件65件，成功调解63件，调解成功率96.9%、协议履行率99%以上，调解涉及当事人达1450人，成功调解所涉金额达1009.28万元。

区司法所组织开展“法律进车站”活动

区司法所开展“法律进学校”活动

【社区矫正和安置帮教】 2015年，加强社区矫正工作基础建设和制度建设，严格社区矫正执法工作，狠抓社区服刑人员和刑满释放人员的教育。全年新增列管社区服刑人员32人，累计在册56人，无一人再犯罪。全年接收刑满释放人员64人，累计在册216人，安置率达到95%，帮教率达到100%，重新犯罪率控制在2%以内。

区司法所组织开展“法律援助进社区”活动

区司法所面向社区矫正人员开展专题心理辅导讲座

活动动态，对各类设施进行登记和管理，对活动进行记载和宣传，把妇女儿童之家建设成为党开展妇女工作的坚强阵地和深受广大妇女信赖、热爱的温暖之家。

【妇女权益保护】 2015年，区妇工委充分利用公开信、宣传单、法制宣传讲座、村民会议等方式开展法律维权活动、法律咨询活动。依托区司法所，镇（街道）“调解办”等，在各镇（街道）建立婚姻家庭纠纷调解中心。依托村（社区）妇女儿童之家，在各镇（街道）60%的村（社区）建立妇女信访代理室和社区家长学校，并按月定期开展家庭教育指导服务。以“三八”妇女节、“六一”儿童节、“6·25”国际禁毒日、“11·25”反对家庭暴力日和“12·4”法制宣传日为契机，加强对妇女儿童的法律宣传教育，发放维护妇女劳动权益保护相关法律法规宣传单1万余份。特别注重加大男女平等基本国策和《中华人民共和国婚姻法》《中华人民共和国妇女权益保障法》《中华人民共和国未成年人保护法》等法律法规的宣传力度，有效提高妇女自身的维权意识和维权能力。年内区、镇（街道）两级及时调处50余起涉及妇女家庭矛盾、儿童权益保护等矛盾纠纷，化解家庭暴力、夫妻矛盾、邻里纠纷等各类案件40余件，有效维护妇女儿童的合法权益。

【实用技能培训】 2015年，区妇工委组织辖区内妇女同胞参加适合女性的计算机、烹饪、家政服务、家禽养殖、蔬菜种植、手工编织等专业技能培训，引导辖区妇女转变择业观念，提高就业能力，年内开展各类培训班29个，培训妇女1090人次，解决妇女再就业800余人。

园区产业

Park Industry

概　述

【概况】　2015年，经开区根据发展现状、资源禀赋、比较优势和产业发展规划，结合省委省政府发展五大高端产业的要求，主攻电子应用基础、高端装备制造、生物等高新技术产业和战略性新兴产业，经产业集聚、集群发展，已形成电子信息、化工与节能环保、生物医药与食品三大主导产业。全年全社会固定资产投资85.32亿元，同比增长2.75%，规模以上工业增加值增长率11.3%，工业投资额41.1亿元，服务业增加值增长率10%。

【产业结构】　2015年，第一产业占GDP总量的0.4%；第二产业占GDP总量的76.4%，第二产业占主导地位；第三产业占GDP总量的23.2%，得到明显提升。三次产业结构较十一五进一步优化。

电子信息产业

【概况】　2015年，经开区以长虹、九洲、中物院等重点企业和科研院所为依托，充分发挥绵阳科技城电子信息产业优势，通过引资合作、择优扶强、积极参与国际分工等途径，以平板化、数字化、信息化为方向，以龙头企业、主导产品为核心，引进企业，完善配套，延长产业链。大力发展LED新型照明、移动智能终端等产业，形成以数字家电为核心的电子信息产业，努力将数字家电产业发展为具有国际影响的新兴产业。依托长虹4C融合，延伸发展IT、通信、信息家电、互联网和信息安全服务产业五大产品链。2015年电子信息产业产值为367.58亿元，为2020年该产业产值达到500亿元奠定了基础。

【重大项目促建】　2015年，经开区以企业服务为突破口，大力推进“三段式”企业服务和精准服务，全力推进重点项目加快建设，释放产能。促进旭虹光电年产780万平方米铝硅触控屏玻璃微蚀刻生产线项目和年产1000万平方米超薄高铝盖板玻璃项目、海立TX空调压缩机生产线技改项目、金达诺LED两面翻显示屏生产基地建设项目等一批重大项目竣工投产。加快长虹信息化物流园改扩建一期项目，重点推动长虹军民融合暨智能制造产业园等重大工业项目建设，形成实物投资量。

【企业培育】　2015年，经开区积极争取国家、省、市各级项目资金，支持产业发展壮大，通过专项支持资金激励，企业加大创新研发和成果转化投入力度。其中，四川旭虹光电科技有限公司“平板显示器用盖板玻璃关键技术研发及产业化项目”获得工信部产业振兴项目支持，四川金达诺科技有限公司“节能型LED两面翻显示屏产业化项目”获得绵阳市重大人才项目支持，四川绵阳乔亚斯科技股份有限公司“液晶显示屏（LCD）报废屏再利用技术改造项目”

获得绵阳市技术改造专项支持。2015 年，电子信息产业共计争取各类专项资金 2467 万元。

【四川旭虹光电科技有限公司】 位于四川绵阳经开区涪滨路北段 177 号，于 2010 年 4 月 29 日由东旭集团有限公司、绵阳科技城发展投资集团有限公司、四川长虹股份有限公司共同投资建设成立。主要从事平板显示玻璃基板关键材料、设备、产品的设计、制造、销售及技术开发等。初始注册资本金 3 亿元，项目总投资 20 亿元，职工 320 余名，属国家级高新技术企业和四川省重点工业项目。

2015 年，公司顺应转型发展趋势，围绕市场开拓有序进行生产经营各项工作，良品率稳定在 90%左右，年生产高铝盖板玻璃 700 余万平方米，在华为、LG、小米、酷派等终端品牌的市场占有率持续提高，全年实现销售收入逾 4 亿元。公司控股股东东旭集团有限公司新增注册资本 8 亿元，公司实际注册资本增加至 11 亿元。成功申报发明专利 4 项，软件著作权 3 项，实用新型专利 2 项，获得四川省科技进步一等奖，四川省名牌产品荣誉称号，项目被纳入科技部“十三五”规划“重点基础材料技术提升与产业化”示范项目。公司装入上市公司的前期工作、二期项目规划可研报告编制工作正式启动。

高铝盖板玻璃生产线

生产监控间

【绵阳海立电器有限公司】 成立于 2007 年，注册资本 1.14 亿元，是由上海日立电器有限公司（51%）、

四川绵阳好圣汽车零部件制造有限公司

【四川绵阳好圣汽车零部件制造有限公司】 该公司成立于2004年6月，位于经开区松垭镇，是波鸿集团有限公司下属的制造子公司。公司主要生产涵盖球墨铸铁、灰口铸铁、蠕墨铸铁、高合金铸铁等材质的复杂铸件及加工件。产品类别主要为汽车核

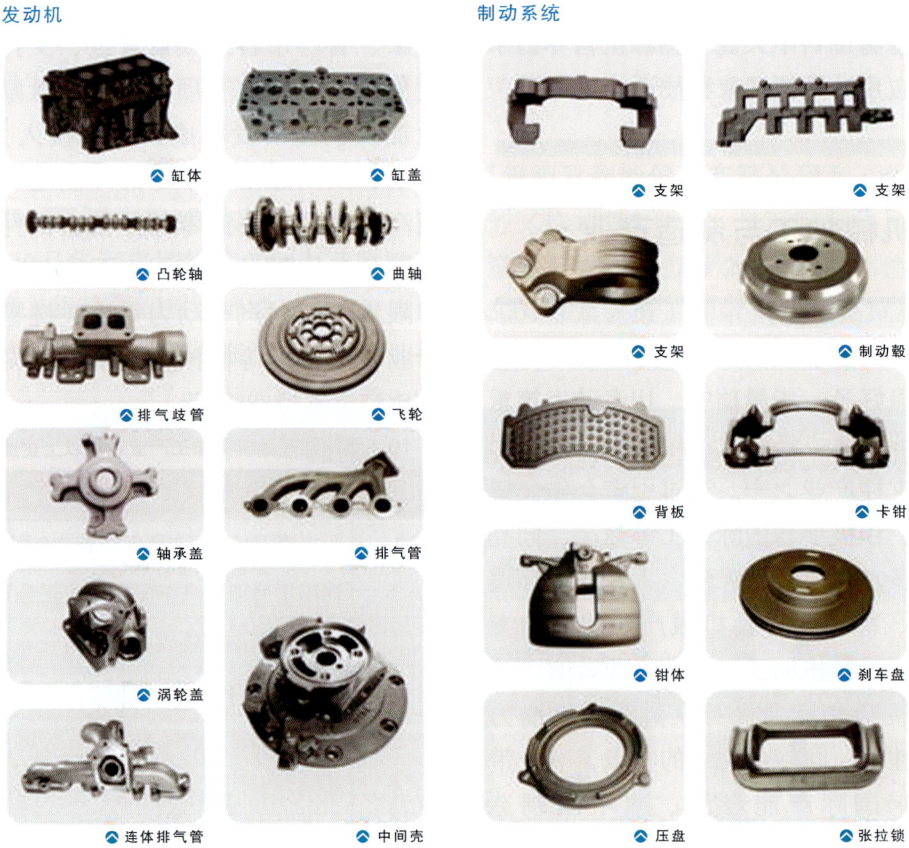

绵阳好圣汽车零部件产品

心系统——发动机系统（发动机缸体、缸盖、排气管）、底盘系统（传动类、转向类、制动类）部件。两条造型线年生产能力为2.5万~3万吨铸件，趋于同行前列。

【绵阳华晨瑞安汽车零部件有限公司】 公司是华晨集团下属的全资子公司，公司于2000年7月成立，注册资本2271万美元，总投资2291万美元，是生产汽、柴油发动机关键零部件凸轮轴及主轴承盖的专业制造企业。经过10多年发展，绵阳华晨瑞安汽车零部件有限公司累计实现销售收入近40亿元（有部分从事发动机贸易销售收入）、上缴税金约1.2亿元、解决就业450余人，2012年被认定为“四川省高新技术企业”，企业技术中心2015年晋升为省级。

绵阳华晨瑞安汽车零部件有限公司在汽车凸轮轴领域取得多项技术研发成果，获得20余项国家发明、实用新型专利，研发出具有核心竞争力的组合式凸轮轴，高压共轨油泵凸轮轴及其制造方法等正在申请国际PCT。截至年底，拥有9条凸轮轴生产线，产能130万支，产销量连续五年实现每年两位数的增长；主要客户有华晨汽车集团、一汽、上汽、广汽、长安、海马以及通用、康明斯等国内外知名汽车生产商。

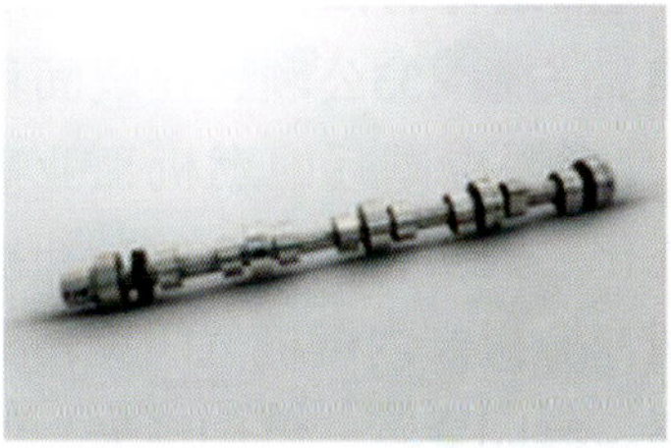
新晨 491Q

可淬合金铸铁凸轮轴

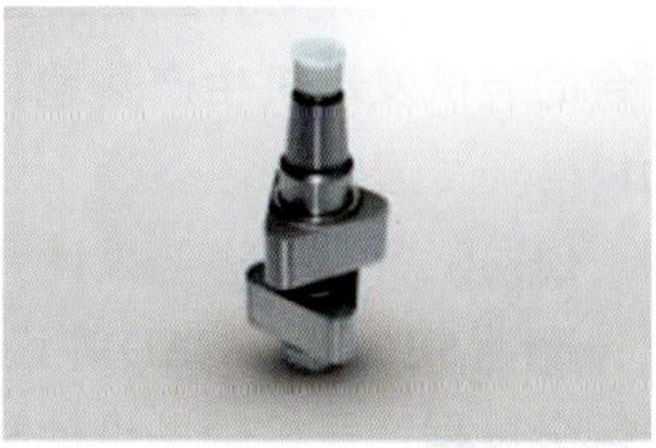
油泵凸轮轴

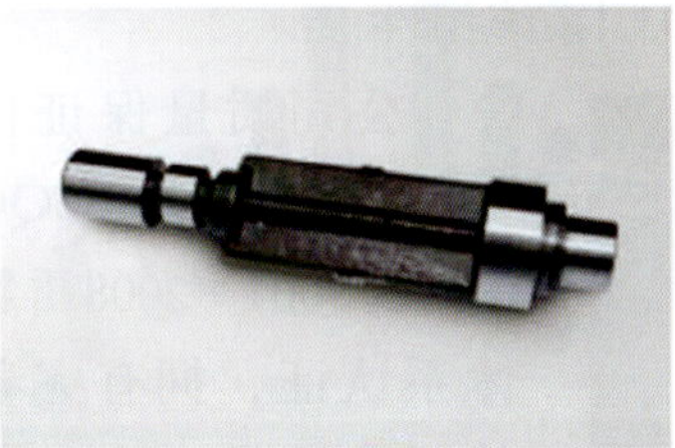
上汽 D09 平衡轴

康明斯混合动力电机传动轴

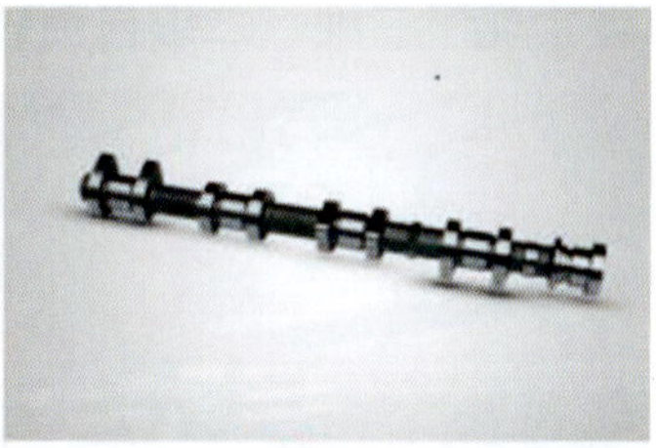
冷激合金铸铁凸轮轴

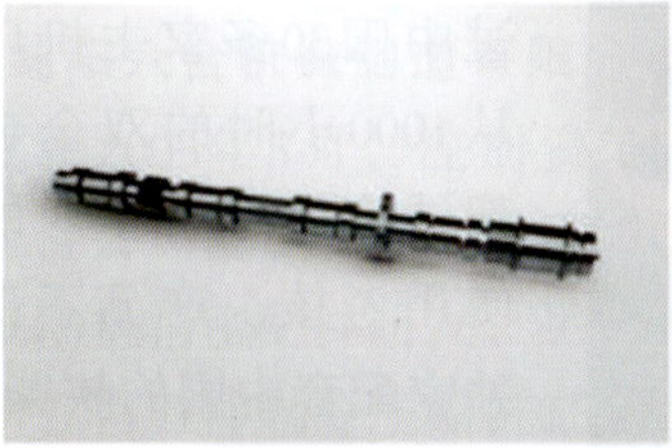
Dongfeng Motor DNE

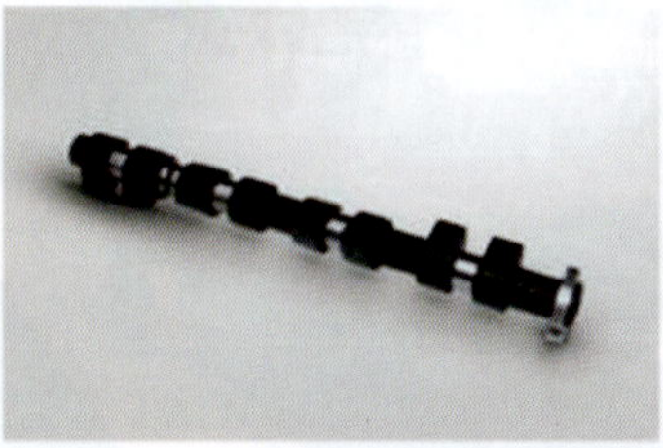
可淬球墨铸铁凸轮轴

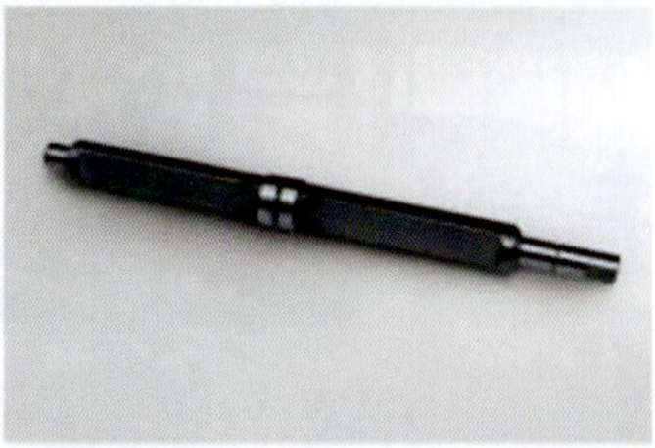
广汽平衡轴

绵阳华晨瑞安汽车零部件产品

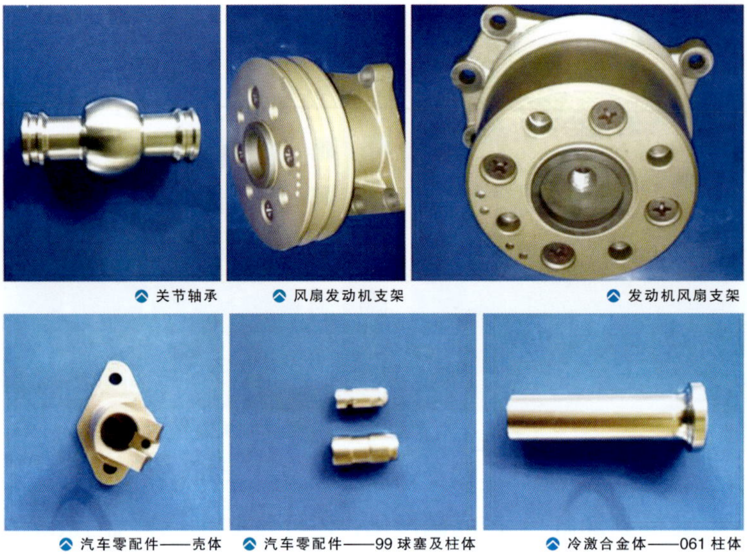

绵阳六合机械制造产品

ISO/TS16949质量管理体系认证。客户主要为丹甫制冷压缩机，新华内燃机、富临精工、华晨、浙江和日等国内主要发动机厂商。打造成川内最大合金铸件挺柱类铸造产品研发、制造基地。公司重视科研技术人员的稳定与培养，充分给予每位科研人员施展才华的平台，充分发挥科研人员科技创新的最大潜力。2015年，有员工78人，中高级管理人员6名，高级工程技术员6名，各类中级技术人员18人。

交通运输业

【富临运业】 四川富临运业集团股份有限公司，于绵阳市绵州大道北段98号。公司成立于2002年3月。2007年8月，改制为股份有限公司。2010年2月，公司在深圳证券交易所成功上市。

公司坚持“一核三极”的发展理念，即坚持以客货运输服务、站务服务的道路旅客运输及出租车经营、城市公交车经营、车辆维修、车辆检测、驾培服务和保险兼业代理等相关延伸服务产业为核心，跨界投资发展金融、证券、保险业，拥抱互联网，发展信息化产业，同时发展新能源产业，打造绿色交通。近年富临运业发展迅速，2002年收购绵阳、江油等客运企业，2004年收购射洪、蓬溪客运企业，2005年收购成都联运，2008年收购眉山运输总公司，2010年收购成都旅汽公司、遂宁开元运业，2015年收购成都长途汽车运输公司。截至2015年年底，公司在成都、绵阳、遂宁、西昌、泸州、眉山等川内各地市拥有子（分）、参控股公司100余家，包括驾乘人员在内的员工约1.2万人。拥有包括13个国家一级客运站在内的各类客运站39个，客运站年运输旅客约5000万人次。拥有各类营运车辆5400台，国内运营线路近1000条，日均发班1.9万余班，年运送旅客约7500万人次。

公司为中国道路旅客运输一级资质企业、交通运输部“重点联系道路运输企业”、中国道协第四届理事会“常务理事单位”、四川省道路运输协会副会长单位、四川省安全状况评估AAAAA企业、ISO 9001质量体系认证和OHSAS18001职业健康体系认证企业、全国交通运输客运行业首批“优质服务示范企业”，名列中国道路运输百强诚信企业（2015年）第30位。

【富临南湖汽车站】 是四川富临运业集团投资约3000万元兴建的社会公用型汽车客运站，于2003年10月落成，2004年9月8日正式营业。车站位于绵阳经济技术开发区绵州大道北段98号，按交通部部颁“一级汽车客运站”标准修建。

车站占地面积3.67公顷，建筑面积6066平方米，站前广场9000平方米，停车场面积16000平方米，能同时容纳200余台车辆停放，候车厅面积1000平方米。该站最高日发送班车500班次，最大日接送旅客20000人次。

车站有三台、射洪、遂宁、南充、大英、广安、内江、安岳、武胜、达州、万州等经营线路63条，并开行石狮、深圳、杭州、温州等超长线路，参营车辆383余台。

2015年南湖汽车站实现营业收入8750.81万元，上缴税金98.35万元，营业收入、利税同比创历史新高，2015年安全输送旅客202.82万人。

【客运站升级改造】 根据四川省交通厅《四川省2013—2015年度汽车客运站提升改造工程实施方案》，绵阳南湖汽车站投资1008万元对车站进行升级改造，2014年9月15日正式开工建设，2015年12月底升级改造工程正式完成。升级改造后的客运站，外观形象和内部环境得到大力提升，拥有现代化的微机管理系统，包括微机售票系统、电子检票系统、电子显示、查询系统、微机调度系统、IC卡电子报班系统、电子监控系统、微机结算系统等。辅助服务设施方面配备有超市、小件寄存、广播问询、医疗室、母婴室、重点旅客休息室，候车大厅配备了中央空调、大屏幕LED电子显示系统、手机充电站、无线WIFI路由等现代化设施，给候车的旅客带来实实在在的便捷，进一步提升车站的优质服务品质。

升级改造后的旅客候车大厅

【客运站安全管理】 2015年，客运站严把车站安全源头关，按照“三不进站、六不出站”的安全管理规定，强化安全“一岗双责”，落实安全主体，安全职责落实到人头、到岗位，实行

新修建的司乘公寓

24小时站长值班制度，积极与政府、行业管理部门加强沟通与合作，打击非法营运车辆，整治客运市场，营造良好客运市场秩序，为保障广大人民群众的安全出行提供有力保障。客运站自建站以来，从未发生一起安全责任事故。

【信息化建设】　富临运业集团公司针对当前市场环境变化，全力开发企业自身的移动终端APP应用程序，确保将传统运输行业与现实社会群众日益增长的需求结合起来，更大程度的提升安全、服务质量，使企业尽快朝管理模式简约、服务能力高效、信息化程度强的现代客运企业转型。

【客运服务制度管理】　2015年，公司进一步强化安全责任体系完善，实行岗位安全管理的“一岗双责”，严格落实企业安全生产主体、领导、岗位和监管“四个责任制”，全年开展节假日安全大检查（元旦、春节、清明、五一、端午、反法西斯胜利纪念日、中秋、国庆、暑运、汛期安全运输）、安全检查“回头看”工作、安全生产月活动、百日安全生产活动、中高考免费接送学生等活动30余次。做好车辆定期回场安全例行检查和故障车辆机务复查工作；强化企业与公安、交警、运政信息联动报送工作；参与市行业主管部门共同开展“服务质量”专项整治活动；采取合法渠道积极参与行业稳定工作的应急处置和信息报送工作。全年累计开展12期月度驾驶员安全例会，组织驾驶员安全教育培训达2600余人次，开展安全检查、路检路查等专项工作27次。

【客运站服务质量管理】　南湖汽车站作为绵阳市交通运输行业的窗口单位，率先在同行业中通过ISO 9001服务质量体系认证和GB/T28001职业健康安全管理体系。车站成立青年文明小组、小红帽温馨服务组，为广大旅客提供热情周到全方位的服务，通过开展绿色天使活动，为困难急重旅客提供导乘、购票等。2015年春节期间，配合绵阳市政府开展“返乡民工回家特色服务”活动，得到广大民工的一致好评。

【富临出租汽车管理】　2015年，绵阳市富临出租汽车有限公司车辆总台数暂列全市第一，共有出租汽车314辆。全年累计实现安全运营里程约5030.28万车公里，载客里程累计达到约3570万公里。按照安全生产法规定，实现全年无一般及以上道路交通事故的年度安全生产目标。近年来，网约车平台的爆炸式发展，对全国道路旅客运输行业的经营现状造成前所未有的冲击和挑战。目前行业发展趋势已经密切和互联网平台接轨，公司面临经营模式改变和趋势的发展，已顺应市场状况变化，优化自身管理机制，深入开展市场运营模式革新。

【出租客运服务质量管理】 2015年，公司根据《绵阳市城区出租汽车服务质量信誉考核管理办法（试行）》，逐月开展服务质量专项培训工作12次，其中参与行业牵头、企业具体组织实施的季度服务质量专题培训3期，累计培训驾驶员达5400余人次。开通服务质量投诉处理热线，全年未发生乘客不满意案件，结果回复100%。

民　航

【概况】 绵阳南郊机场1997年开建，2001年4月建成并投入运营。2015年，绵阳机场累计实现飞机起降14148架次，较上年增长41.2%；运输货邮行12631.6吨，较上年增长17.1%；运输旅客154.8万人次，四川省排名第2，西南地区排名第8，全国排名第53，较上年增长42.6%。全年进出港旅游团队人数达20万人次，客流占总量的13%，同比增长61.2%。通航城市26个，执飞航空公司15家。全年召开2次换季大型航线营销推介会，深挖本地客源市场潜力。在上海成功举办航线营销推介会，进一步增强通航城市对绵阳城市、绵阳航空产业发展和绵阳旅游的了解。创新营销宣传举措，首次由航空公司、机场、电台三方各自提供部分资源，联合开展活动，动员市民参与。12月22日，绵阳机场年旅客吞吐量首次突破150万人次。

【航线新增】 2015年，绵阳南郊机场加强与航空公司的沟通协调，促使其加大运力投放力度。全年新开福州、武汉、银川、海口、青岛、烟台、太原7个航点，加密上海、深圳、杭州、拉萨等13个航点的班次，航线网络布局更加完善，竞争性航线显著增加，票价水平进一步降低。3月30日，厦门航空开通福州—武汉—绵阳航线，航班时刻为福州10：30—12：00武汉12：50—14：25绵阳；绵阳15：10—16：45武汉17：35—19：00福州，执飞机型为波音737，每周一、三、五、六各一班。6月2日，山东航空开通青岛—郑州—绵阳航线，青岛7：20—8：50郑州9：50—11：45绵阳；绵阳12：40—14：25郑州15：15—16：35青岛，执飞机型为CR7，每周二、五各一班。10月25日，北部湾航空开通海口—绵阳—银川航线，航班时刻为海口12：10—13：50绵阳15：00—16：30银川；银川17：10—18：40绵阳19：20—21：15海口，执飞机型为空客A320，每周1、3、5、7各一班。12月20

【树高·威尼斯城】 绵阳树高房地产开发有限公司开发建设，是该公司在绵阳打造的第二个项目，项目位于绵阳经开区涪滨路北段5号、三江交汇之畔，项目总投资约12.6亿元，总占地约12公顷，总建筑面积约33万平方米，绿化率30%，建筑形态包括瞰江高层、退台花园洋房、精致商业街区。树高·威尼斯城先后入选绵阳市工商联（总商会）房地产行业商会2011年绵阳楼市十大名盘、绵阳市住宅行业商会2013绵阳楼市十大期待楼盘、绵阳市住宅行业商会2013年绵阳楼市十大名盘、2014—2015年搜狐焦点中国绵阳金牌置业顾问总评榜2014年度金牌置业顾问推荐楼盘。2015年，树高威尼斯城投资135000万元，全年登记销售43966.13平方米，成交金额22703.04万元，成交均价5163.76元/平方米。

招商引资

Attract Investment

神州南都商业楼盘约10000平方米开设集餐饮宴席、休闲茶艺、酒店住宿于一体的通州府喜宴主题酒店，年底开始运营。

【古董车博物馆、卡丁车体验馆、水上运动项目】 2015年年初，四川王迪体育文化传播有限公司投资近千万打造古董车博物馆、卡丁车体验馆、水上运动项目，年底古董车博物馆、卡丁车体验馆已开始营运，水上运动项目正在设计规划，计划扩建。

【汽车销售4S店】 2015年，绵阳经开区新增汽车销售4S店3户，其中绵阳新悦成贸易有限公司投资1500万元的长安铃木4S店项目，绵阳博士通汽车销售服务有限公司投资1500万元的吉利汽车4S店项目，绵阳百翔汽车销售服务有限公司经开区分公司投资1500万元广汽丰田4S店等项目均在年内开始正常运营。

【现代服务业基地】 现代服务业基地规划用地313.33公顷，项目位于二环路以北、塘汛镇金广村木龙河东西两岸，总投资150亿元，打造以集聚现代服务业产业为主导，涵盖服务外包、新一代信息技术、电子商务、现代金融、科技服务与企业孵化等高端产业及配套、公共文化旅游、自然生态居住等多功能为一体的现代智慧信息新城。绵阳经开投资控股有限公司正积极探讨使用PPP模式等方式寻求合作伙伴。

“两新”产业招商引资

【概况】 2015年，先后参与第三届中国（绵阳）科技城国际博览会、2015中国西部海外高新科技暨高端人才洽谈会及其专场活动——“2015海外高新科技人才走进中国（绵阳）科技城活动”、中国（四川）电商峰会、中俄信息安全论坛、珠三角投资活动、西部投资大会、欧洽会、长三角投资促进活动等大型招商活动平台，广泛开展会展招商、平台招商、精准招商。共引进高新技术产业和战略性新兴产业项目21个（任务9个），签约额28.35亿元；完成包装和推出项目25个（任务22个），超额完成目标任务。

【新能源项目】 2015年11月，四川佳晟新能源科技有限公司总投资2亿元，在绵阳美丰工业园内新上生物锅炉一台（45吨/日）、6兆发电机组一台以及相关设备、蒸汽管网、输变电工程设备以实现年产蒸汽35万吨，年发电3500万千瓦时，年消化秸秆7.7万吨项目。

【科博会项目签约】 2015年9月，第三届中国（绵阳）科技城国际科技博览会期间，四川莅坤科技有限公司、四川梓冠光电科技有限公司、深圳鑫海鹰电子科技有限公司与经开区正式签约，项目各投资2000万元，租赁区内积家工业园标准厂房541平方米，分别实施电子激光机电设备生产销售项目、光无源器件项目、变压器设备项目。

【承载平台】 2015年，建成标准厂房30万平方米，在建标准厂房50万平方米，配套综合楼和职工宿舍近70万平方米。2015年新引进40余户中小企业入驻辖区标准厂房，实有投资额超过1.2亿元，使用标准厂房面积超过4.57万平方米。辖区日供水能力近9万吨，日供气能力70万立方米，有日处理能力26万吨的污水处理厂3座，有装机容量5.1万千瓦电站一座、220千伏变电站1座、110千伏变电站5座。道路骨架网络、给排水管网、燃气、电力、通信、4G网络等基础设施齐全。区内物流企业有长虹信息化物流园、机场物流、科达物流。

【低效用地清理】 2015年，对全区可用土地、闲置和低效利用土地、空置厂房等产业承载空间进行全面清理，形成台账，鼓励支持区内企业利用空置厂房以商招商、以企招商。印发《关于督促闲置土地和低效利用土地加快开发建设的通知》，采取书面通知、约谈、现场办公督促等方式对相关项目进行全面清理，采取“查权属、看合同、对批文、察实地”四结合方式，建立“一地一册”工作台账，清查项目109个，涉及企业109家、土地117宗，项目总投资额186.2亿元，办有国有土地权证面积558.11公顷，涉及共利用土地127.67公顷，梳理出可出租厂房面积16.6万平方米，可对外营运商业门面100万平方米等存量资源。

【招商队伍】 2015年，全区有招商人员16名，其中新调用2名公务员，聘用3名工作人员；借助省、市驻外招商平台，在全区范围内选派富有招商激情、年青有活力的2名同志分别派驻上海、深圳等地驻点招商。注重团队综合素质提升，定期组织培训，集中学习业务，先后组织参加市投资促进系统培训、商务部组织的各类培训。

投资促进活动

【概况】 区党工委、管委会主要领导率队赴北京、上海、江苏、武汉、成都等地开展投资促进活动18次，促进项目42个，与武汉新芯集成电路制造有限公司、深圳市龙光华科科技有限公司、博升通信技术公司、北京万柳置业集团有限公司、北京华力创通科技公司成都分公司、广东科海信息科技公司、深圳龙光华科科技公司、力帆实业（集团）股份有限公司、重庆移峰能源有限公司等交流对接。

表 12　　2015 年绵阳经开区纳入省级重大活动平台签约项目情况统计

序号	项目名称	项目内容	所属产业	产业类别	投资总资（亿元）	活动名称
1	北京中经云数据存储科技有限公司（绵阳）大数据光存储产业中心项目	拟投资 10 亿元建设大数据光存储产业中心项目，项目建成达产后，预计可实现年销售收入 10000 万元，年税收 3000 万元	二产业	信息安全	10	2015 中外知名企业四川行
2	广东鼎和财产保险股份有限公司（绵阳）财产保险机构项目	拟投资 5000 万元，力争在落户经开区后 3~5 年内，在绵阳周边地区建立一个高素质、高起点、服务优良的保险机构网络，最终辐射全市，项目落户后可为全市企事业单位提供相关服务	三产业	现代金融业	0.5	2015 中外知名企业四川行
3	福建雄狮石材科技（绵阳）新型无机非金属材料项目	年产 20 万平方米微晶硅及 30 万平方米石英玉新型材料	二产业	新材料	2	第三届绵阳科技博览会
4	广东东材科技（绵阳）高性能复合材料项目	年产 1.5 万吨特种合成树脂、PVB 树脂及环保阻燃剂等	二产业	新材料	1	第三届绵阳科技博览会
5	深圳鑫海鹰电子（绵阳）新型变压器项目	新型变压器研发、生产、销售	二产业	高端装备制造	0.2	第三届绵阳科技博览会
6	广东宝成（绵阳）专用电声设备项目	专用电声设备研发、生产、销售	二产业	电子信息	0.2	第三届绵阳科技博览会
7	广东深圳龙光华科公司（绵阳）SPI Flash 芯片研发、设计和销售基地	拟投资 5 亿元，征地约 6.67 公顷，建设 SPI Flash 芯片研发、设计、测试及总部基地，目前首款 Flash 芯片已研制成功，预计当年可实现销售收入约 5000 万元，三年内累计实现销售收入约 6 亿元，实现税收超过 8000 万元，8 年内累计产值可达 50 亿元	二产业	信息安全	5	珠三角地区四川省投资推介会

续表

序号	项目名称	项目内容	所属产业	产业类别	投资总资（亿元）	活动名称
8	广东科海公司（绵阳）智慧旅游解决方案及投资运营项目	拟投资约15亿元，先期租用区内标准厂房约1000平方米，设置智慧城市解决方案展示厅建设智慧旅游解决方案及投资运营项目。项目建成后，将有效提升甲方辖区旅游业整体服务水平，同时可实现年利税约1.5亿元	三产业	科技服务业	15	珠三角地区四川省投资推介会
9	北京中石化（绵阳）经开区新能源项目	该公司拟在绵阳经开区新上生物锅炉1台（45吨/日）、6兆发电机组1台以及相关设备、蒸汽管网、输变电工程设备以实现年产蒸汽35万吨，年发电3500万千瓦时，年消化秸秆7.7万吨，项目建设周期20个月，年销售收入10450万元	二产业	新能源产业	2	西部投资大会

【年初赴多地开展投促活动】 2015年1月12—16日，区党工委书记毛一兵带队到芜湖华强文化科技产业有限公司、合肥（蜀山）国际电子商务产业园、微软（中国）有限公司、中经云数据储存科技（北京）有限公司、沈阳君盾科技有限公司等地开展投资促进活动。

【赴长三角促进项目】 2015年4月19-22日，区党工委书记毛一兵带队赴长三角地区开展投资促进活动。11月24—25日，区党工委书记毛一兵赴江苏考察江苏恒迅中锂新能源科技有限公司、中船重工第七一六研究所。11月24—26日，区党工委副书记、管委会主任代宏赴上海考察上海华荣集团有限公司、上海红星美凯龙企业发展有限公司、矽力杰半导体技术有限公司。12月21日，党工委书记毛一兵赴上海拜访伟创力集团、国际半导体设备材料产业协会。

【四川省经贸合作促进团活动】 2015年4月，区党工委委员、管委会副主任陈鼎参加四川省商务厅主办的四川省经贸合作促进团活动赴英国、新加坡、马来西亚参观考察活动（共10日），先后考察英国的禾大公司、BP集团、汇丰集团、摩根集团、英国汽车工业协会；新加坡的胜科集团、樟宜机场集团；马来西亚的隆基马中集团、马来西亚外贸促进中心。在英国参加四川省经贸合作促进团还在英中贸易协会联合举办的四川省部分城市优势产业推介会；在新加坡参加新加坡—四川贸易与投资委员会第16次会议和航空物流圆桌会议。

【四川服务业推荐会】 2015年5月，区管委会副主任杨朝晖参加四川省政府在香

南山公园

科学技术

Technology

概 述

【概况】 2015年，经开区聚焦高端装备制造产业、电子信息产业、生物产业，突出智能装备制造、电子核心基础、生物制品制造、生物技术应用等重点方向，以“大众创业、万众创新”为动力，以发展科技型中小企业为载体，以知识产权为抓手，以平台搭建为推手，构建完善的产学研协同创新机制，推进“两个一号工程”取得新突破。引进“两新”产业项目21个，4家企业被认定为高新技术企业，全区累计高新技术企业15家，全年实现高新技术产业总产值27亿元。新增科技型中小企业352家，总数达847家，其中新增规模以上6家，总数达48家。新增市级企业技术中心3个，累计拥有科技创新平台22个。全年专利申请量669件，专利授权量488件。组织申报2016年省科技项目37项，其中重大产业发展及重大公益民生类7项、基本科研类4项、人才类3项、重大产业类22项、综合类1项、创新基金8项。组织申报2015年市科技项目34项，其中计划类22项、成果转化7项、创新基金5项。32个项目获得立项，争取到项目资金505万元。

* “两个一号工程”：指把引进培育高新技术和战略性新兴产业作为产业发展的“一号工程”，把电子商务和“互联网+”作为现代服务业发展的“一号工程”。

* “两新”产业项目：高新技术和战略性新兴产业项目。

【创新政策体系】 2015年，经开区管委会出台支持创新政策文件4个，分别是：《科技型中小企业专利服务券管理办法（暂行）》（绵经开管发〔2015〕26号），规定以服务券方式对向区内企业提供专利服务的知识产权代理机构给予资金补助，服务券兑现和奖励标准根据当年实际情况确定；《关于支持科技型中小企业发展若干优惠政策（试行）的补充通知》（绵经开管发〔2015〕30号），将鼓励科技型中小企业申请专利的奖励适用范围扩大至工商注册、税收关系均在经开区，且专利申请地址也在经开区范围内的辖区企业及个人；《关于印发驰名、著名、知名商标及品牌产品奖励办法》（绵经开管发〔2015〕41号），明确对经开区企业获得商标认定、名牌产品认定的奖励标准；《关于大力实施商标战略的意见》（绵经开管发〔2015〕42号），提出经开区实施商标品牌战略的指导思想、战略目标、阶段任务、工作重点及措施。

【科技投入】 2015年，经开区预算1500万元科技专项资金，鼓励和支持商业金融、创业投资、社会资本参与园区转型升级发展。积极落实优惠政策，支付科技型中小企业认定补助资金、高新技术企业认定补助资金、生产型科技企业厂房补贴、专利资助资金、税务代理服务费等。

专利保护

【概况】 2015年，经开区专利保护围绕园区中心工作，以高标准实施“知识产权强区战略”为抓手，健全完善知识产权政策体系，加强知识产权宣传培训，不断推动知识产权创造、运用、保护。

全年发放专利资助41.6万元，同比增长175.5%，涉及专利367件。专利申请授权量实现新突破，全年专利申请量669件，同比增长20.32%，其中发明专利341件，同比增长141.84%；企业专利423件，同比增长121.47%。专利授权488件，同比增长281.25%，其中发明专利授权量39件；企业专利授权量183件，同比增长47.58%。完成专利技术项目实施转化产值增幅12%。注重企业知识产权培训工作，多次组织企业参加省、市大小型专利培训，开展知识产权培训4次，培训人数百余人。

【专利清零活动】 2015年，经开区派驻知识产权特派员到企业，引导和帮助企业把专利申请优势转化为产业优势，把专利优势转化为竞争优势，加速推进专利成果转化为现实生产力。重点帮助四川汇源隆光电科技有限公司、绵阳昂多新材料科技有限公司、绵阳西让新材料科技有限公司、绵阳夏金节能科技有限公司、绵阳光益生物科技有限公司、四川瑞可达连接系统有限公司、绵阳市鑫科源环保科技有限公司、绵阳洁申生物科技有限公司、绵阳巴旺新材料科技有限公司、绵阳两河生物科技有限公司、四川虹涛电子科技有限公司、四川长虹通信科技有限公司、四川长虹教育科技有限公司13家企业完成专利“清零”工作。

【知识产权服务中心挂牌】 2015年7月15日，绵阳市知识产权局与经开区科技局（知识产权局）共同打造的经开区知识产权服务中心在绵阳国家经开区科技企业孵化中心和四川文化艺术学院文化科技产业园挂牌成立。知识产权服务中心挂牌后，以高效、快捷的知识产权专业化辅导，为经开区各类科技型中小企业、大专院校学校师生提供知识产权服务。

【“大众创业、万众创新”活动周】 2015年10月19日，绵阳经开区管理委员会主办，四川文化艺术学院、绵阳智汇谷企业管理服务有限公司承办，九鼎天元知识产权代理公司协办的“大众创业、万众创新”活动周在四川文化艺术学院拉开帷幕。活动邀请知识产权专家开办讲座，旨在强化高校知识产权意识，活跃高校创新环境，增强学生维权意识，鼓励大学生在参与发明创造的同时，运用好专利制度维护自身的权益。活动周系列活动还包括设计思想分享交流会、创新创业成果展示及企业进校园专场招聘会。

【“九鼎天元杯”创意设计大赛】 2015年10月，经开区联合四川文化艺术学院、成

10月29日“九鼎天元杯”现场评选

都九鼎天元知识产权代理有限公司、成都市工业设计创新联盟、绵阳智汇谷孵化器管理有限公司在四川文化艺术学院举办历时一个月的“九鼎天元杯”创意设计大赛，收到来自经开区企业、学校等多个领域200余人的参赛作品120件，涉及服装设计、平面设计、工业设计、家居设计、摄影和视频短拍等创意作品。通过评审，评出一等奖1名、二等奖3名、三等奖8名、优秀奖20名。

科技进步

【概况】 2015年，经开区以创新驱动为核心，构建以企业为主体、市场为导向、产学研相结合的科技创新体系，区内聚集以工程技术研究中心、企业技术中心、科研院所为代表的研发机构23家。其中企业科技创新平台22个，国家兴办的农业科学研究院1所。辖区企业及研究院获得省、市科技进步奖8项，其中省科技进步奖一等奖1项、二等奖1项、三等奖1项；市科技进步奖特等奖1项、一等奖3项、二等奖1项。实施成果转化项目11项。4家企业获高新技术企业认定，全年实现高新技术总产值27亿元。

【实施成果转化项目11项】 辖区企业实施成果转化项目11项，分别是：四川旭虹光电科技有限公司“基于浮法工艺生产高强超薄铝硅酸盐触控屏玻璃”重大科技成果转化示范项目、四川国豪种业股份有限公司优质高产杂交小麦新品种绵杂麦“512”的推广应用、四川新丰种业有限公司优质高产豇豆新品种绵7号和绵豇8号的试验示范、四川同路农业科技有限责任公司广适型优质高产玉米新品种“同玉18”扩繁及中试示范、

四川东材科技集团股份有限公司、国家绝缘材料工程技术研究中心V0级无卤阻燃聚酯树脂关键技术及产业化研究获绵阳市科学技术进步奖特等奖

四川农大高科农业有限责任公司优质“抗耐型”杂交水稻新品种示范推广与产业化应用、绵阳六合机械制造有限公司新型汽车发动机五连体主轴承盖成果转化项目、绵阳万瑞尔汽车零部件有限公司汽车高压共轨喷射系统（GDI）精密零部件成果转化项目、四川同舟化工科技有限公司抗泥保坍型聚羧酸高效减水剂及其复配泵送剂的科技成果转化、四川长虹照明技术有限公司智能道路照明系统的应用示范及产业化推广、四川阳光水务工程设备有限公司年产100套城市生活污水处理设备、利尔化学股份有限公司除草剂炔草酯中试开发及成果转化。

利尔化学股份有限公司实验室

续表

序号	项目类别	项目名称	项目单位	资金(万元)
20	市应用技术研究与开发项目资金	高速扫描振镜式激光打标设备研究与开发	四川莅坤科技有限公司	5
21		发动机气门升程两级可变摇臂总成研发项目	绵阳富临精工机械股份有限公司	5
22		R32 环保冷媒旋转式空调压缩机研发制造	绵阳海立电器有限公司	4
23		北川白山羊性能测定和产业化发展研究	绵阳市农业科学研究院畜牧研究所	3
24		乌药（附子种源）新品种种质资源转化规范化种植技术研究及生产示范?	四川绵阳天一自然药园有限公司	3
25		木龙观胡萝卜提纯复壮及配套栽培技术的研究与示范	绵阳市农业科学研究院蔬菜研究所	3
26		苔子茶优良株系快繁体系的建立	绵阳市农业科学研究院薯类研究所	3
27		紫山药高产栽培技术研究及示范推广	绵阳市农业科学研究院生物技术研究中心	3
28		推进县区科普体系和能力建设(推进辖区乡镇、社区科普活动室、宣传栏建设、组织辖区内相关单位开展科普讲座和宣传等科普活动，科技中小企业和两个“一号”工程知识培训宣传)	经开区科技局	2
29	市创新基金项目资金	厚壁中空球型构件无心旋压一体化智能加工装置	绵阳众益机电科技有限公司	13
30		多功能多角度轨道焊缝探伤扫查仪	绵阳创智机电科技有限公司	13
31		医用级 Tio2 复合聚乙烯膜材料的开发	绵阳市宏益塑料制品有限责任公司	16
32		新能源电动汽车充电接口	四川瑞可达连接系统有限公司	13

【科技创新平台建设】 经开区建设有各类创新平台22个，其中，国家级4个（国家工程技术研究中心1个、国家工程实验室1个、国家企业技术中心2个），省级7个（四川省工程技术研究中心1个、四川省工程实验室2个、四川省企业技术中心4个）。各科技创新平台与中国工程物理研究院、中国科学院微电子研究所、中国科学院长春应用化学研究所、中航集团132厂、611所、成都电子九所、四川电子科技大学、武汉大学等众多科研院所开展广泛而深入的技术研究合作。

表 15 2015 年绵阳经开区科技创新平台统计

序号	级别	科技创新平台名称及所依托企业	备 注
1	国家级	国家绝缘材料工程技术研究中心（四川东材科技集团股份有限公司）	国家工程技术研究中心
2		PDP 国家工程实验室（四川虹欧显示器件有限公司）	国家工程实验室，产业结构调整暂缓建设
3		四川东材科技集团股份有限公司技术中心	国家企业技术中心
4		利尔化学股份有限公司技术中心	
5	省级	四川省功能杂环化合物工程技术研究中心（利尔化学股份有限公司）	四川省工程技术研究中心
6		四川发电与运输变电设备绝缘材料工程实验室（四川东材科技集团股份有限公司）	四川省工程实验室（工程研究中心）
7		四川省杂环农药工程实验室（利尔化学股份有限公司）	
8		禾大西普化学（四川）有限公司技术中心	四川省企业技术中心
9		四川雪宝乳业集团有限公司技术中心	
10		绵阳华晨瑞安汽车零部件制造有限公司技术中心	
11		四川绵阳好圣汽车零部件制造有限公司技术中心	
12	市级	四川美丰实业有限公司技术中心	绵阳市企业技术中心
13		四川旭虹光电科技有限公司技术中心	
14		绵阳海立电器有限公司技术中心	
15		绵阳双胞胎饲料有限公司技术中心	
16		绵阳市天旋气门组件有限责任公司技术中心	
17		四川绵阳重业齿轮有限责任公司技术中心	
18		绵阳西金科技有限公司技术中心	
19		四川泷海洋动物实业有限公司技术中心	
20		绵阳市葡露实业有限公司技术中心	
21		绵阳艾萨斯电子材料有限公司技术中心	
22		四川湟恩动物药业有限公司技术中心	
23	绵阳市农业科学研究院		科研院所

司具有核心竞争力的新型组合式凸轮轴，并向高压共轨凸轮轴、平衡轴、中间轴等其他轴类延伸，拓展其他汽车零部件产品，在同行业内取得领先的优势地位。截至年底，中心累计申报国家专利27项，获得授权的24项，其中发明专利8项（2项国际专利申请正在受理中）。

【四川雪宝乳业集团有限公司技术中心】 2003年成立。中心设有专家委员会、技术委员会、管理服务机构等部门，2006年被认定为绵阳市级企业技术中心，2014年被认定为省级企业技术中心。技术中心现有员工45人，其中大专以上学历41人、博士2人、硕士5人、高中级技术职称10人。技术中心占地面积1100平方米，建有产品中试线一条；拥有福斯乳成分分析仪、高效液相色谱仪、多功能乳品分析仪等先进的研发、检测、分析设备，研究开发领域主要有：奶牛生态养殖与繁育、液态乳及相关乳饮料，包括不同风味乳制品的开发及功能性乳饮料等系列产品的开发。

【科普活动日活动】 2015年9月19日，经开区开展以“科技创新·互联生活”为主题的科普活动日活动。活动在塘汛场镇、松垭场镇、城南街道板桥社区、辖区学校开展，以展出、宣讲、发放各种宣传资料等形式展示全区重大科技成就，提高公众对创新驱动战略的理解与支持。通过广泛开展科普活动，引导广大市民对科技创新的认识并主动参加到创新中来。

创新服务

【概况】 2015年，经开区深入实施“创新驱动、二次创业”战略，构建科技创新孵化体系，区域创新能力显著提升。全年预算1500万元资金支持发展科技型中小企业。科技企业孵化器建设有序推进。截至年底，全区累计建成科技企业孵化器5个，其中省级科技企业孵化器2个、市级众创空间2个，孵化总面积达到13.1万平方米。采取“一个中心孵化器、多个专业孵化器”的模式走创新发展之路，逐步形成完善的“创业苗圃—孵化器—加速器”全链条孵化培育体系。

2015年，经开区科技企业孵化器屡获荣誉。7月，绵阳国家经开区科技企业孵化中心被授予“市级科技企业孵化器”，九绵科技合作创新试验基地和文化科技产业园被授予“市级众创空间”；11月，积家工业园被授予“省级小企业创业示范基地”；12月，绵阳经开区创业服务中心和积家工业园被授予“四川省科技企业孵化器”。

【“创客”宣讲会】 2015年4月，市委常委、科技城党工委副书记、管委会常务副主任颜超带领区党工委副书记、管委会副主任黄琦和区科技局、区团工委负责人，组团赴西安交通大学航天航空学院、西安电子科技大学两所高校举办主题为“青春闪耀科技城·创客圆梦在绵阳”的宣讲会，向两所高校学子推荐经开区良好创业就业环境，并分别与两所院校签订校地合作协议。

2015年，经开区与绵阳智汇谷企业管理服务有限公司、四川九绵科技孵化器管理有限公司等7家公司签订招引合作协议，充分利用各孵化招引公司优势资源，招引、培育成长潜力大的项目和企业到经开区落户。

表 16　2015 年绵阳经开区科技企业孵化器基本情况统计

孵化器名称	建成面积（平方米）	入驻科技型企业（家）
绵阳国家经开区科技企业孵化器	1000	10
绵阳国家经开区科技企业孵化中心	3740	129
九绵科技合作创新试验基地	1300	33
文化科技产业园	5000	29
积家工业园	120000	43

表 17　2015 年绵阳经开区科技企业孵化器功能定位情况统计

孵化器名称	功能定位	建设模式
绵阳国家经开区科技企业孵化器	综合孵化器	政府投资
绵阳国家经开区科技企业孵化中心	中心孵化器、综合孵化器	政府投资
九绵科技合作创新试验基地	整合九三学社相关技术资源和科技成果，力争建成全市乃至全省水准的科技成果转化示范基地和创新试验基地	党派共建
文化科技产业园	集聚文化创意类科技企业	政校合办
积家工业园	科技型中小企业生产基地、加速器	民营自建

【创业服务中心获省级认定】 2015年12月，绵阳经开区创业服务中心通过四川省科技厅实地考察、专家评审、厅办公会审核和网上公示，被认定为“四川省科技企业孵化器”。2014年，绵阳经开区创业服务中心经经开区管委会批准成立，由区属国有平台公司（绵阳鑫之力投资有限责任公司）子公司——绵阳聚星科技企业孵化管理有限公司投资建设并组建专业团队经营管理。中心面积为6000余平方米，下辖绵阳国家经开区科技企业孵化器、绵阳国家经开区科技企业孵化中心、绵阳九绵科技合作创新试验基地3个孵化器，合作引进绵阳智汇谷企业管理服务有限公司、四川九绵科技孵化器管理有限公司协助运营管理。

【积家工业园（积家孵化器）获省级认定】 绵阳经开区积家工业园（积家孵化器）由绵阳经开区积家工业园投资有限公司全资建设。项目一期6.67公顷4栋12万平方米工业厂房主体已竣工，2014年陆续投入使用。工业园被经开区确定为“科技型中小企业示范基地”“小微企业创业基地”。工业园按照高效利用土地要求，通过建设立体厂房实现“工业向空中发展”，达到提高单位面积产出目的。该园占地20公顷，计划总投资20亿元，建筑总面积60万平方米，在孵企业43家。已经签约入驻四川梓冠光电、四川豆萁科技、四川潜遁电子、四川莅坤科技、奥利斯机电科技、佳春电子科技等科技型企业。2015年12月，积家孵化器被认定为“四川省科技企业孵化器”。

九绵科技合作创新试验基地

【九绵科技合作创新试验基地】 九绵科技合作创新试验基地孵化面积1300平方米，位于“绵阳国家经开区科技企业孵化中心”三楼，是经开区管委会与九三学社下属四川九绵科技孵化器管理有限公司合作共同打造的科技合作创新试验基地，2015年7月被授予绵阳市“市级众创空间”。其宗旨是一方面整合九三学社人才智力和科技资源优势，加强和促进科技成果转化，引进、推荐一批国内外高科技中小型企业落户经开区，推动经开区产业发展；另一方面要建成为九三学社科技人才提供良好的科技研发、科技成果孵化条件和创业平台的示范基地。

基地集中针对电子信息、先进制造、新能源及节能技术、资源与环境、食品及生物医药、现代农业、新材料、现代服务八大技术领域整合九三学社相关技术资源和科技成果，吸引、推荐一批优秀技术团队和科技成果到基地进行技术研发和成果转化。

文化科技产业园

【文化科技产业园】 经开区与四川文化艺术学院共同打造，面积5000平方米，入驻项目和企业29个，该园以创意设计、游戏动漫、数字媒体、影视制作等为主攻方向，通过产学研一体化、系列化、成果化不断促进大学生就业。7月，被评为“市级众创空间”。9月，获得人才项目科技企业孵化器项目资助金额60万元。11月25日，科技部创新发展司王晓方、中国科学技术发展战略研究院副院长杨起全到文化科技产业园考察孵化器建设运营情况。

【曹健林到科技企业孵化中心调研】 2015年9月17日，科技部副部长曹健林一行到经开区科技企业孵化中心梓冠光电、小康时代、洁申科技、中树艺流、宝天智控等企业调研，详细了解企业的运行及发展情况，询问企业发展面临的困难和存在的问题。

【孵化培育服务】 2015年，经开区为科技型企业及时提供各项免费企业管理培训、知识产权培训、融资促进会等平台信息，并委托智汇谷创新孵化器定期举办具有针对性、系统性与实效性的线上线下创新创业交流活动和培训讲座。不定期举办科技型中小企业与银行面对面交流会、企业知识产权培训交流会、跨境电商强势分享沙龙、科技企业大型财务公益公开课、中小企业融资策略及挂牌上市交流会、电商实战分享会、营销主题演讲、共论“互联网+汽车”等形式多样的创新创业活动，提高园区孵化服务，帮助企业进行科技与金融对接，组织企业参加创新创业与投资高峰会进行融资路演。至年底，举办交流活动和讲座15场，共计300余人次参加。

向市科技局推荐企业优秀产品，通过工研院现场推介、科技型中小企业服务网网上推介、市采购中心推荐等多种途径，全方位帮助企业进行产品推介。联合深入开展科技型中小企业组建工会及创业扶持工作，积极宣传指导企业申报市人才项目资助。

针对重点培育企业，实施个性化培育方案，采取“一企一策”，开展“一对一”服务，扶持拥有自主知识产权的企业进行重大技术创新和重大科技成果转化，促进其扩大规模、提升档次、创立品牌。至年底，实现重大科技成果转化11项。

【政府购买服务支持科技型中小企业发展】 2015年，经开区向科技型中小企业发放税务代理服务券和专利服务券。根据《绵阳经济技术开发区科技型中小企业服务券管理办法（暂行）》（绵经区办发〔2014〕88号）、《关于组织申领2015年度科技型中小企业服务券的通知》（绵经产服〔2015〕11号），对经开区科技型中小企业购买签约服务机构提供的专业服务给予资金补助。2015年度科技型中小企业服务券所需资金在年初预算的科技型中小企业发展切块资金中统筹安排，单个企业申领额度为3000元/年，服务券可用于抵扣等额的服务支出。税务代理服务券适用于为经开区科技型中小企业提供税务登记、代理记账、税务申报、税务咨询等服务，支持2014年1月1日至2015年12月31日认定的科技型中小企业。

2015年，经开区出台《科技型中小企业专利服务券管理办法（暂行）》（绵经开管发〔2015〕26号），以政府购买服务

续表

序号	公司名称	序号	公司名称
63	绵阳易付天下科技有限公司	83	四川科洼生物科技有限公司
64	绵阳优斯工具科技有限公司	84	四川莅坤科技有限公司
65	四川绵安消防工程有限公司	85	四川莅临生物科技有限公司
66	绵阳云氏网络科技有限公司	86	四川木木周网络科技有限公司
67	绵阳致胜商务信息咨询有限公司	87	四川鸟咖科技有限公司
68	绵阳智汇谷企业管理服务有限公司	88	四川钳客网络科技有限公司
69	绵阳智拓环保科技有限公司	89	四川切诺基电子科技有限公司
70	四川慕华教育科技有限公司	90	四川三陈状元酒业有限公司
71	四川九洲环保科技有限责任公司	91	四川三知家具有限公司
72	绵阳尚颖电子科技有限公司	92	四川三知酒业有限公司
73	绵阳手高网络科技有限公司	93	四川三知科技有限公司
74	四川彬森生物科技有限公司	94	绵阳拉卡斯化工科技有限公司
75	四川传世科技有限公司	95	绵阳乐宝信息科技有限公司
76	绵阳圆凿科技有限公司	96	四川微驰科技有限公司
77	四川虹晟数控科技有限公司	97	四川翔宁科技有限公司
78	四川鸿中洪科技有限公司	98	绵阳特雷克工业自动化技术服务有限公司
79	四川环博环境科技有限公司	99	四川展鹏电子有限公司
80	四川金达诺科技有限公司	100	四川中树艺流材料科技有限公司
81	四川精镦科技有限公司	101	四川子翰科技有限公司
82	四川卡路里科技有限公司	102	四川雄晖化工科技有限公司

表 20　　2015 年第十八届中国北京国际科技产业博览会经开区参展企业统计

企业名称	参展产品
四川宇峰科技发展有限公司	中频药物渗透治疗仪、动脉硬化检测仪、人体成分分析仪
四川蜀旺科技有限公司	并网式蓄能太阳能逆变器
四川东材科技集团股份有限公司	太阳能背板基膜、特高压行业产品、V0 级无卤阻燃聚碳酸酯薄膜(本色)、阻燃聚酯切片（应用：长纤、地毯、布料)、防弹材料(D325Kevlar 纤维防刺板、Kevlar 纤维防弹头盔预浸料)
绵阳市金华洋电器制造有限公司	连接器、传感器
绵阳市农业科学研究院	绵阳市农业科学研究院选育的杂交小麦、高芥酸油菜成果介绍

科技型中小企业

【概况】 2015年，经开区通过科技型中小企业认定352家，较2014年增加30家，增长9.3%；全年新增规模以上科技型中小企业6家，占目标任务的100%。全年认定的352家科技型中小企业企业总人数3231人，其中博士研究生37人、硕士研究生173人、本科学历1361人。

按产业领域划分：电子信息199家、先进制造57家、生物医药22家、新材料20家、资源与环境22家、新能源及节能技术11家、现代农业13家、现代服务业4家、文化创意4家。

按企业来源划分：绵阳本地籍人员创办308家，外地籍人员创办44家。

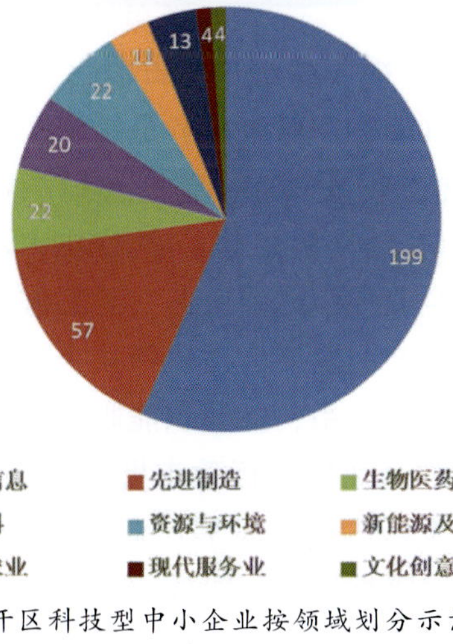

经开区科技型中小企业按领域划分示意图

【四川梓冠光电科技有限公司】 2015年年初成立，3月通过科技型中小企业认定，5月孵化毕业入驻积家工业园并完成产品小试、中试，开始产业化。公司主要成员均来自同行业龙头企业（四川九洲、珠海光联、深圳捷迪讯、深圳华为）。公司具有丰富的光无源器件的生产工艺和技术，拥有一批经验丰富的专家及院士，并和北美著名的光通讯公司及中国的光通讯研究机构合作，不断地开发新的生产工艺和产品，使产品工艺得到不断完善。公司主要占有的市场领域有：西南科技大学、长沙国防科技大学、清华大学、北京航空大学、中国工程物理研究院、上海光学精密研究所、长春光学精密研究所等近百家科研单位、高校研究所。

【四川宝天智控系统有限公司】 2015年5月成立，6月通过科技型中小企业认定，公司位于绵阳国家经开区科技企业孵化中心。公司是科技人员创业企业，其技术和核心团队源于军品，是专注于无人机产品研制、系统集成和服务的民营企业。公司主营特种无人驾驶飞行器、多旋翼无人机、固定翼无人机和载人旋翼机、无人直升机等航空飞行器的研发、销售、租赁、服务、通航旅游、通航培训、无人机驾驶培训的高科技企业。为政府、企事业单位、国防军工行业等提供无人机空中遥感、电力巡检、空中安防、空中检测、石油管道巡检、空中护林、航空摄影、GIS信息采集及特殊数据采集与传输等无人机产品和服务，深度定制专门针对防爆、处突、维稳的无人驾驶飞行器产品。

【四川省豆萁科技股份有限公司】 2015年2月成立，是一家专门从事高端闪型存

一号桥

财税·审计

Finance Audit

财　政

【概况】 2015年，区财政局认真贯彻落实新《预算法》，在经济下行的压力下，区财政局多次召开税收分析会，不定期到重点税源企业调研，掌握征管情况。全年实现全口径财政总收入80164万元，同比增长41%；实现区本级公共财政收入42169万元，同比增长45%。剔除划转企业收入数，同比增长15%。财政支出实现51370万元，同比增长7%。财力增长部分主要向基层运行、产业发展、中小企业扶持、基础设施建设等方面倾斜。

全年，全区稳步推进财政改革，强化非税收入征管和政府采购工作，开展非法集资排查和各项专项检查，做好债务置换工作。年底，区财政局被市上评为2015年度政府金融工作先进单位、全市地方金融机构监管工作先进单位、财政支农农田水利项目管理先进单位、财政投资管理三等奖、固定资产投资决算报表三等奖。

【财政改革】 2015年，经开区实行完善后的分税制财政管理体制，建立包干制和分税制相结合的镇（街道）财政激励机制。采取“属地管理、公平合理”的原则，与税收部门一起对新划入企业的协税护税主体进行划分。提高辖区协税护税工作经费补助标准，建立一般性服务产业与工业企业的税收返还政策。2015年实现地方财政公共预算收入42169万元，其中划转企业实现地方财政公共预算收入11430万元，占比27%。纳税金额在50万元以上的144家企业中，划转企业（项目）27家，占比19%。

【非税工作】 2015年，区财政局开通非税收入收缴管理系统，实行非税收入银行代收，取消单位过渡账户，减少资金在途时间和环节，提高资金收缴效率。重新清理全区非税收入项目，加强国有资源有偿使用收入管理，并按照财政体制改革相关要求，征收2015年7月起划归园区征管的工业用地土地出让收入，增大全区非税收入规模。全年累计实现非税收入11907万元，较2014年同期增长231%；其中一般公共预算收入7895万元，同比增长119.43%；政府性基金收入4012万元，同比增长476%。2015年全区新增土地出让价款收入3419万元。

【债务置换】 2015年，经开区争取到绵阳市转贷地方政府债券18100万元（置换债券16600万元、新增债券1500万元），主要用于保障性住房、基础设施建设和历史债务化解等项目。按照债券类型分：一般债券14100万元、专项债券4000万元；按照债券期限分：3年期6780万元、5年期5780万元、7年期4280万元、10年期1260万元。

【贯彻新《中华人民共和国预算法》】 2015年3月，经开区召开新《中华人民共和国预算法》（以下简称《预算法》）为主题的集中学习会议，要求各部门单位站在依法治国、依法行政、依法理财的高度，通过研读、集体讨论，加强对新《预算法》在预算体系、编制、执行、公开等各方面具体规定的学习。9月和10月，区财政局邀请财经学校讲师、市预算科负责人到经开区开展专题培训，以修改要点、新旧对比、实施方法、操作步骤为重点，对新《预算法》做全方位解析。依法治区办把学习新《预算法》纳入“六五”普法的重要内容，做好宣传普及工作。

【非法集资风险排查】 2015年，区管委会组织区财政局、区金融办、区住建局、市工商局经开分局、城南公安分局等14家单位在全区内对非法集资进行拉网式排查。建立长效排查机制，加大宣传力度，在全区25个村（社区）悬挂打击非法集资宣传标语50幅，张贴宣传海报2000份，发放宣传资料1万份。经排查，全区未发现非法集资事件。

【财政资金安全专项整治】 2015年7月27—31日，经开区组织开展“严肃财经纪律，落实监管责任，确保资金安全”专项整治工作。区财政局牵头，联合区监察局、区财政评审中心对8家独立核算单位的资金使用情况进行现场检查和督导，针对存在的尚未全面推行公务卡制度、大额现金支付、使用国库支付“大平台”进行支付结算操作不规范等问题，责成相关部门限时进行整改。

【小金库及滥发钱物问题专项整治】 2015年10月，区财政局、区监察局、区劳动保障中心、区财政评审中心联合印发《关于开展私设“小金库”及滥发钱物问题专项整治工作的通知》，要求全区各单位、部门对照要求认真开展清理自查工作，对自查中发现的问题及时整改。同时，区财政局、区监察局、区财政评审中心组成3个检查组对塘汛镇、松垭镇、城南街道办事处、城南公安分局及辖区5所学校进行专项检查，未发现私设“小金库”和滥发钱物现象。

国家税务

【概况】 经开区国税局下设6个科室、1个中心，主要负责辖区3853家纳税人的税收征管服务工作。2015年，经开区国税局完成入库税收收入26741万元，同比减收383万元，下降1.14%。其中，入库增值税17918万元，同比减收1499万元，下降7.72%；入库消费税18万元，同比减收11万元，下降37.93%；入库企业所得税8805万元，同比增收1126万元，增长14.66%。全面应对省、市国税局下发和区国税局制发的“风控”任务，通过信息采集、入户巡查、多方协作，纳税评估入库税款576万元。其中，增值税229.23万元、企业所得税346.77万。推广税收优惠政策，助力“小微”企业成长，辖区享受税收优惠政策纳税人277户（次），累计减免税额57.14万元，受惠面达到100%。推进固定资产加速折旧政策实施，辖区105户次纳税人累计优惠额697.42万元，优惠税额174.36万元。

2015年，经开区国税局积极参加省、市两级“赛比争”活动，1人获得四川省国税系统岗位能手称号，1人获得绵阳市国税系统岗位能手称号，区国税局被评为全市国税系统“赛比争”优胜单位。

【“营改增”工作】 2015年，经开区国税局通过组织辖区“营改增”纳税人参加培训辅导，向纳税人发放宣传资料，推送涉税信息，解读税收政策，实现辖区“营改增”工作有序推进。全年由缴纳营业税改缴纳增值税550户次，入库增值税728万元，同比增收496万元，增长214%。

【国地税合作】 2015年，经开区国税局与绵阳市地税局第三直属税务分局建立完善工作联系制度，双方对《国地税合作工作规范1.0版》中5大类32项合作事项的具体内容进行学习探讨，对制定的《国地税协作联席会议制度》进行修订完善，联合印发实施方案，共建“纳税人之家”“纳税人学校”“纳税服务志愿者团队”等征纳互动平台，共同为纳税人提供税法宣传、培训辅导、纳税咨询、权益维护等服务，协同开展定期定额户的定额核定工作，传递双定户信息799条，协同管理非正常户22户，对2户注销户共同开展实地调查。

【纳税服务】 2015年，经开区国税局大力加强办税服务厅标准化建设，对大厅人员进行全面系统的业务技能培训，提升综合服务窗口工作效率，增设后台A级纳税人服务窗口，实现“一支笔”集中审批，“一站式”厅内办结。

全面推行多项创新服务举措。创新“反向预约”服务，经开区国税局率先尝试对企业所得税优惠审批和备案事项进行创新服务，根据应进行企业所得税年报的纳税人的年度财务报表分析，对形式要件上属于应享受小型微利税收优惠的企业进行反向电话预约，了解企业汇算情况，宣传其可享受的优惠政策，告知其报送备案应完善的资料并预约大致办理时间；对民政福利企业预约其办理安置残疾人支付工资加计扣除备案，对新办从事农、林、牧、渔企业预约其办理优惠审批，全年反向预约176户次。

建立领导值班制度，局领导在办税服务厅值班服务，收集各类涉税诉求120余条，集中解决各类涉税难题32件。2015年，在省国税局组织的纳税人满意度调查中，经开区国税局得分84.79分，居全市国税系统第4名。

【送税法进军营活动】 2015年4月22日，经开区国地税“送税法进军营”活动在区消防大队举行，通过“赠阅一套税法资料、讲授一堂税法课程、开展一次税法交流”将全国第24个税收宣传月活动推向深入。活动中，经开区国地税工作人员向全体官兵赠送《居民纳税指南》，详细介绍普通居民应该了解和掌握的税收常识；在税法讲堂上，授课人结合当前税收工作的重点热点，围绕“税收优惠政策解读”

“您需要了解的发票知识”“房产交易相关涉税事项”“税收违法行为”等模块进行仔细讲解；在税法交流中，消防大队官兵向工作人员咨询军转干部自主择业、退役士兵就业相关的税收优惠政策，得到工作人员的一一解答。

表21　　2015年辖区重点纳税（国税）企业名录

序号	纳税人机构名称
1	利尔化学股份有限公司
2	四川东材科技集团股份有限公司
3	绵阳港华燃气有限公司
4	绵阳三江美亚水电有限公司
5	绵阳中科成污水净化有限公司
6	绵阳本草堂医药股份有限公司
7	绵阳双胞胎饲料有限公司
8	禾大西普化学（四川）有限公司
9	绵阳万瑞尔汽车零部件有限公司
10	四川雪宝乳业集团有限公司
11	绵阳华晨瑞安汽车零部件有限公司
12	四川日普精化有限公司
13	四川美丰化工科技有限责任公司
14	绵阳汇平汽车销售服务有限公司
15	绵阳市万家乐房地产开发有限公司
16	绵阳西金科技发展有限公司
17	绵阳合源电力设备有限责任公司
18	绵阳金鑫铜业有限公司
19	绵阳建设商品混凝土有限公司
20	绵阳星鸿达汽车销售服务有限公司
21	绵阳市华阳实业有限责任公司
22	绵阳广鸿汽车销售服务 有限公司
23	四川昊阳药业股份有限公司
24	绵阳日报社

三江大坝泄洪

平台公司建设

Platform Company Construction

开区国有资产的经营管理以及对辖区土地综合开发、基础设施建设等项目进行投资经营。公司业务范围包括：房地产开发、城市基础设施建设及项目代建、项目管理和咨询服务、建筑材料、机电产品、电子通讯和器材（不含无线电发射设备）、化工产品（易燃易爆品除外）销售等。

【绵阳经鑫土地整理公司】 2015年11月11日成立，位于经开区文跃东路81号，注册资本金5000万元人民币。经营范围：土地一级开发整理、土地经营管理、房屋动拆迁、土地租赁、基础设施建设项目投资。公司进行一级土地整理的内容及范围是：依据绵阳市土地利用总体规划和城市总体规划，按照城市区域功能定位和经济社会发展要求，对所征收土地实施征地补偿、拆迁安置、土地平整、完成地上及地下市政基础设施、城市公共（益）配套设施建设，按期达到土地出让标准的土地初级开发行为。

【绵阳经开建筑工程有限公司】 2014年5月15日成立，注册资本金5000万元，位于绵阳经开区松垭镇德政街18号。公司主要负责建筑安装工程施工、市政工程施工、钢结构施工、装饰装修工程施工、房屋拆除工程施工等。

【绵阳聚星科技企业孵化管理有限公司】 2014年12月成立，注册资本金200万元，性质为国有独资。专业从事经开区科技型中小企业的孵化管理。

【绵阳精鑫资产管理有限公司】 2013年3月29日成立，注册资本金500万元，性质为国有独资，位于绵阳经开区文跃东路81号，经营范围：资产管理、国内广告设计、宾馆管理、生态农业观光旅游开发服务、房屋汽车租赁服务等。

【绵阳三江商贸有限公司】 2013年3月5日成立，性质为国有独资，注册资本金2000万元，经营范围：钢材、水泥、五金交电、电子产品、节点设备、建筑材料、卫生洁具、金属材料管道配件的销售及物业管理服务等。

【绵阳民悦物业服务有限公司】 2013年5月成立，注册资本金50万元，位于绵阳经开区文跃东路81号，现有员工110人。经营范围：物业管理服务、停车场现场管理服务水电维修、家政服务等。公司担负着经开区统建房物业管理服务工作的重任，主要服务于南区花园统建房2、3号地块，城南壹號A、B区，松垭污水处理厂，松垭商业城公租房，松垭镇公租房，塘汛友谊村公租房等，服务总面积40余万平方米。

【绵阳市经开区城市停车管理服务有限公司】 2014年12月成立，注册资本金200万元。位于绵阳经开区文跃东路81号。主要从事对辖区内机动车停放、公共建筑配套停车、非占道公共区域的停车管理。致力于维护区内道路交通秩序确保道路畅通和市民出行安全。力推的在建项目主要有通州府广场停车场、博雅海润广场停车场，更多项目正在开发建设中。

园区建设与管理

Park Construction And Management

社会管理

【来信来访】 2015年，经开区进一步改革信访工作，创新机制，畅通渠道，规范秩序，努力构建全区信访新格局。全年受理并办结各类信访事项394件，其中：群众来访事项81件420余人次，来信事项40件，市长热线141件，国家信访信息系统交办97件，区领导信箱35件，办结率达100%。2015年，经开区被绵阳市委、市政府评为信访综合工作先进集体，区社管办被市委群工局评为网上信访工作先进集体、信访事项复查复核工作先进集体、信访信息宣传工作先进集体。

【建设信访接待中心】 2015年，出资30余万元，在区机关办公用地区建设占地90余平方米信访接待中心。中心内设视频接访室、接访大厅和领导接访室各一间，配齐电脑、LED宣传屏、网络查询机、网络摄像头等设施，并新增2名信访专职接待工作人员。信访接待中心于3月正式投入使用，全年共接待信访群众600余人次。

【信访信息化建设】 2015年3月，按照国家信访局《关于推进信访工作信息化建设的意见》，经全市统一招标，区管委会出资购入相应硬件设施，由中标单位完成建设并接入全国信访信息系统，社管办先后组织区、镇（街道）信访工作人员到市信访局接受信访信息系统操作培训4次，使专职人员能够熟练操作计算机和信访信息系统，建立《网上登录工作制度》《现场接访工作制度》《信访信息登录员工作职责》《网上信访登陆、办理责任追究制》等工作制度，使来信、来访、来电、转办、督办、复查、反馈等各类信访数据，都能规范、准确进行网上操作，全年录入信访信息系统97件，录入率达到100%，实现省市交办案件及全部信访件网上流转。

【平安经开区创建】 2015年，经开区广泛开展平安创建宣传，共悬挂宣传标语52幅，出动流动宣传车27台次，发放宣传单10000余份，张贴宣传画110幅。建立突出社会矛盾纠纷排查机制，建立矛盾纠纷台账70件，通过人民调解、行政调解和司法调解系统成功调解68件，调解成功率达97.1%。通过建立社会稳定风险评估机制，对群众关注的基础设施建设、环保产业项目进行风险评估，全面消除社会稳定隐患。全年开展“平安校园”“平安社区”“平安企业”创建工作，加强社会面治安治理，重点整治影响企业生产、群众生活的违法行为，全面营造“平安经开区”创建氛围。

【社区网格化服务管理】 2015年7月，经开区启动社区网格化服务管理工作，经前期摸底和调研，在两镇一街道各确定1个试点社区，按500—1000户规模划分为12个网格，分别落实工作人员、场地建设和设施保障，形成区管理中心—镇（街道）管理办公室—村（社区）工作站三级管理网络，网格员实行定人、定责、定岗管理，社区工作由以前的专人单项、一岗一责向一专多能、一岗多责转变，网格责任人包揽责任区内的各项事务及信息采集、登记等多项工作。9月正式运行，全年共录入人口信息702条、重精患者信息11条、社区矫正人员信息6条、事件处理8条。

扫地车作业

【开展国家安全、反邪教宣传活动】 2015年10月29日上午，区社管办联合城南公安分局国保大队在城南街道南区花园小区，面向社区“4050”留守人员和流动人口开展国家安全、反邪教常识集中宣传活动。活动主要宣传《国家安全法》《反间谍法》《国内邪教种类与危害》《反邪教宣传告知书》等，为群众讲解全国目前已明确认定的邪教组织及其特征与危害，活动现场悬挂宣传画图50余幅，发放宣传单800余份，赠送宣传台历200余套。出动宣传骨干6人，接受咨询200余人次。

市政设施管理

【概况】 2015年，辖区纳入市政设施管理的市政道路115条，面积290万余平方米；市政雨污水井盖6755套、水篦子6275套，路灯2685盏；道路绿化管护道路74条，面积40万平方米，全年市政维护经费投入1329万元。

【市政事务调整】 2015年，根据市政府下发的《绵阳城区城市建设维护管理事权改革调整方案》，经开区向绵阳市路灯照明处移交绵三路（绵三路与经开区一号路交汇处至绵三路与塘汛大桥交汇处）、机场路及三江大桥的市政照明设施共计350盏；向绵阳市绿化维护中心移交绵三路行道树2063株，乔木33株，灌木23641平方米，草坪2900平方米，地被1750平方米；接收绵阳市绿化维护中心移交机场东路、三江大坝行道树448株，乔木1026株，灌木10500平方米，草坪4124平方米，地被800平方米；接收绵阳市环境卫生管理处移交绵三路（晶蓝湖路口至机场路）、机场路、涪滨路（南塔路口至三江大桥）、环涪路、三江干道、一号桥道路保洁，总面积约69万平方米；接收绵阳明华公司环抢救财产价值53.3万元；火灾救援接处警163起，出动车辆160辆，出动警力1498人次，抢救被困人员79人，抢救财产价值75.9万元。

2015年，大队党支部被武警绵阳市消防支队评为“四好班子”、“119”宣传先进单位、执勤岗位练兵业务竞赛第一名等5个先进集体，4人次立功受奖。

【部队政治思想建设】 2015年7月8日，支队党委批准成立中共武警绵阳市消防支队经开区临时支部委员会，党支部3人组成，杜明胜任首任书记。大队党支部按照“班长抓班子、班子带队伍、队伍促发展”的思路，贯彻落实支队“帮建支部、帮带干部、帮抓骨干”活动精神，推动班子全面建设。开展“保持共产党员先进性”教育和党的十八届五中全会精神的学习，推动党组织建设“361”规则实施；贯彻落实民主集中制，落实党委集体领导下的分工负责制和总队提出的“四不准”规定，提高民主决策能力；加强党风廉政建设，大队、中队签订《部队管理及党风廉政建设责任书》，通过“作风纪律教育整顿”“保持共产党员先进性教育”等专项教育，帮助各级班子成员和党员干部打牢“立警为公、执法为民”的思想基础。

【部队行政管理】 2015年，大队坚持从适应新形势、新任务、新要求出发，年初分别与大中队干部签订“一岗双责”目标责任书，贯彻落实公安部“五条禁令”、消防局“六个严禁”和总队“四条禁令”。开展“八无一培”安全创建活动，确保部队安全稳定。全年开展以“安全”为主题的教育会议18次，在节假日、重大任务、季节变换、人员变动等敏感节点，及时发送安全提示信息，时刻警醒广大官兵绷紧安全弦，提高防范意识，做到警钟长鸣、防微杜渐；结合支队下发的《关于在营区张贴安全标识的通知》做好安全工作标识化建设，设立安全计时电子钟，时刻提醒官兵保持部队安全稳定。开展安全训练，按照实用有效的原则，按照作战训练安全“五个五不准”规定，参照《公安消防部队管理示范片》要求开展安全训练，督促官兵养成良好的安全习惯；开展安全风险评估，针对车辆事故、执勤训练事故、自杀事件、警民纠纷、擅离部队、食物中毒、投诉举报等情况制定安全处置预案，做到提前预判、提前谋划、提前防范。

看望慰问九九佳园颐养院老人

【警民共建】 2015年2月3—4日，大队组织干部先后看望慰问松垭养老院和塘汛九九佳园颐养院的老人们，并为他们送去节日慰问和年货。全年组织志愿者参加义务活动、义务送水、义务植树、无偿献血等活动30次。应邀为四川文化艺术学院100名新学员进行为期14天的军训，组织师生到消防站实地参观，增强师生的消防意识。全年开放“科普教育基地”48次，组织企业职工、学校师生、行业主管部门人员等2000余人到消防站实地参观、学习，增强辖区群众的消防意识，密切警民关系。

【消防知识宣传】 2015年，大队通过组织收看消防工作电视电话会，悬挂标语、设置宣传站点、播放录音、录像、幻灯片、消防文艺表演和消防知识“七进”等形式开展宣传教育40余次，普及

学校消防疏散安全演练

组织开展大学生军训

指导美丰消防安全疏散演练

阻隔，很有可能蔓延到旁边木材和在建高层建筑。确保现场已断电后，指挥员下令一支枪对火势进行控制，二号车负责给头车供水，确保供水不间断。经过半小时的扑救，明火基本扑灭，火势得到控制，为避免出现阴燃复燃现象，官兵用铁铲、火钩等清理器具将堆积的木板，煤炭层层剥离、拖出，确保再无任何火点出现。经过官兵仔细清理与排查，确定火场存在的暗火全部被扑灭，清点器材，顺利完成处置任务。

【"5·13"火灾扑救】 2015年5月13日22时36分，塘汛镇万人居民点旁一齿轮厂突发大火。接到报警后，指挥中心立即调派群文路中队1辆泡沫水罐车、1辆17吨水罐车，12名官兵赶往事发现场进行处置。经侦查了解起火部位正是厂内一正在作业的储油罐，由于操作不当引发大火，燃烧成分主要是柴油，并且管道内不断地冒出大量柴油，产生大量浓烟，如果罐体全部引燃后果将不堪设想。现场指挥员命令下达后，灭火小组迅速相继展开战斗。23时04分，现场火势被成功控制，待命的机动小组立即对罐体和着火部位进行冷却，以免再次复燃。23时11分，大火被成功扑灭。随后，官兵们对现场进行仔细清理，彻底排除险情。

"5·13"厂房火灾扑救

治安管理

【概况】 绵阳市公安局城南分局（简称"城南分局"）成立于2013年11月20日，前身是绵阳市公安局经济技术开发区派出所，有正式民警58人、协警70人。2015年，辖区户籍人口71191人（塘汛派出所管辖29689人、涪滨路派出所管辖19619人、松垭派出所管辖21883人），辖区登记流动人口24613人。全年发生刑事案件482件，破获刑事案件109件，刑事拘留104人，提请逮捕40人。查处行政案件264件，行政处罚297人（其中行政拘留188人、罚款49人），调解纠纷172件。涉黄涉赌案件行政拘留46人，刑事拘留8人，起诉8人，收缴并销毁电子赌博机568台。破获涉毒刑事案件13件，刑事拘留涉毒人员17人，移送涉毒起诉14人；破获涉毒行政案件29件，查处吸毒人员79人，缴获冰毒、麻古等毒品107.03克。

表 24　　绵阳经开区常住人口分布一览表

常住人口（人）	经开区（人）	城南街道（人）	塘汛镇（人）	松垭镇（人）
总计	71191	19619	29689	21883
男	34525	9527	14444	10554
女	36666	10092	15245	11329

【人口管理】　2015年，城南分局充分发挥人口管理职能作用，加大教育培训力度，规范户籍管理程序，严格审批制度。结合户口清理开展整顿工作，以流动人口服务管理为重点，全面强化与流出地间的协作配合。推动落实“以证管人、以房管人、以业管人、以信息化管人”工作模式，加强流动人口分层次，出租房屋分等级管理。全年办理出生登记1023人，死亡注销578人，迁入1515人，迁出905人，参军注销61人，临时证办理1478证，正式身份证办理3677证。清理应销未销户口752个，其中：死亡未注销户口466个，服现役未注销户口55个，累计清理纠正户口登记项目差错869个，清理重复户口2个。登记流动人口24613人、办理暂（居）住证1024人，主动申报流动人口信息2459条，录入平台系统率达到100%。

【执法规范化建设】　2015年，城南分局按要求每月进行一次法制检查，对当月各单位所办案件进行评审并计分，对接处警、警用装备、执法办案等情况，采取明查、抽查、倒查等方式进行监督检查。汇总、剖析检查中发现的问题，下达整改通知书16份，通报9次。审核刑事案件133件，审核行政案件264件，大力开展立案突出问题专项治理，清理出未立案7件并进行整改。全年办结各种信访案件50件，接待信访群众45人，其中局长接待日接待信访群众26人次，解答群众咨询和求助53人次，基本实现信访群众停访息诉，成功化解不稳定因素，有力保障了分局执法办案质量。

【杨某某被绑架案】　2015年8月25日上午，杨某某（女）被人绑架，绑匪要求4万元换取人质。接到报警后，城南分局迅速启动大案侦破机制成立专案组立案侦查。专案组侦察员通过在绵阳周边三台、中江、罗江、游仙乡村等地对嫌疑人及其车辆进行持续跟踪追查，沿线公安部门也积极配合拦截。当日19时许，嫌疑人迫于公安机关压力将被绑架杨某某推下车继续逃匿。侦查员通过多警种合成作战，于8月28日在游仙区沈家坝北街将犯罪嫌疑人羊某某抓获，8月29日在渠县渠江镇将嫌疑人刘某某抓获。9月21日、30日，嫌疑人唐某某、王某某在公安机关强大的压力攻势下相继投案自首，宣告该案侦破战告捷。

【朱某某、黄某某职务侵占案】　2015年3月11日，某集团公司纪检监察部向城南分局报案称，集团公司下属子公司生产管理科销售业务员朱某某、生产管理科库房管理员黄某某在处理公司含银废旧物资中存在利用职务之便，侵占公司物资及货款的行为，涉案金额约200万元。城南分局迅速审查立案，并抓获犯罪嫌疑人朱某某、黄某某。到案后，朱某某、黄某某交代了犯罪事实。同时，还查明黄某某与城区某公司老板郑某某勾结，在2013年至2014年期间，陆续从公司盗取价值约600万元的银粉交由郑某某变卖后，双方共同获利的犯罪事实。并据此将郑某某抓捕归案，该案成功告破。

综合监管与服务

Integrated Supervision And Service

企业向市工商局经开分局送锦旗

能。采取注册登记规范化、主体准入便利化、信用监管信息化等系列服务措施，深化商事制度改革，提高便民服务水平，激发市场主体创业创新活力，推进“互联网+”和众创空间主体新型经营业态发展。全年新登记市场主体1355户，新增注册资本（金）262332.06万元，同比增长率分别为7.2%、56.05%，使辖区市场主体总数达到6946户，实有注册资本（金）1540700.32万元。

【企业年报公示工作】 2015年，经开区企业年检制度改为年报制度，实行网上报送方式，实现网上提交、公示和存档。采取发放资料、电话通知、上门指导、设置年报自助服务区、邀请产业园和市场开办单位集中培训等措施，扩大宣传面，引导企业主动接受社会监督，构建部门之间互联共享的信息平台。2014年度应年报企业1661家，已年报1579家，年报率95.06%；2013年度应年报企业1102家，已报1044家，年报率94.74%，均超额完成省工商局预定的90%工作目标。

【企业住所登记放宽】 2015年6月，经开区制订《关于贯彻〈绵阳市放宽企业住所（经营场所）登记暂行规定〉的实施方案》，简化企业住所权属证明程序，分类监管“住改商”、“工改商”登记，鼓励盘活和利用闲置的各类房源，为“互联网+”初创期、成长期的创业创新主体登记提供便利，激发市场主体创业创新活力。全年放宽企业住所（经营场所）登记539家，占涉及住所登记总数的67.8%。

表 26　　2015 年绵阳经开区市场主体统计

<table>
<tr><th colspan="2">企业性质</th><th>企业类型</th><th>塘汛工商所</th><th>松垭工商所</th><th>小计</th><th colspan="2">合计</th></tr>
<tr><td rowspan="8">内资企业</td><td rowspan="2">公司</td><td>公司</td><td>1669</td><td>364</td><td>2033</td><td rowspan="2">2219</td><td rowspan="8">2383</td></tr>
<tr><td>分公司</td><td>153</td><td>33</td><td>186</td></tr>
<tr><td rowspan="2">非公司(营业单位)</td><td>非公司企业法人</td><td>3</td><td>2</td><td>5</td><td rowspan="2">23</td></tr>
<tr><td>非公司企业法人分支机构</td><td>14</td><td>4</td><td>18</td></tr>
<tr><td rowspan="2">合伙企业</td><td>合伙企业</td><td>4</td><td>3</td><td>7</td><td rowspan="2">8</td></tr>
<tr><td>合伙企业分支机构</td><td>1</td><td>0</td><td>1</td></tr>
<tr><td rowspan="2">个人独资企业</td><td>个人独资企业</td><td>88</td><td>43</td><td>131</td><td rowspan="2">133</td></tr>
<tr><td>个人独资企业分支机构</td><td>2</td><td>0</td><td>2</td></tr>
<tr><td colspan="2" rowspan="2">外资企业</td><td>外商投资企业</td><td>12</td><td>2</td><td>14</td><td colspan="2" rowspan="2">15</td></tr>
<tr><td>外商投资企业分支机构</td><td>1</td><td>0</td><td>1</td></tr>
<tr><td colspan="2">农民专业合作社</td><td>农民专业合作社</td><td>6</td><td>13</td><td>19</td><td colspan="2">19</td></tr>
<tr><td colspan="2">个体工商户</td><td>个体工商户</td><td>3625</td><td>902</td><td>4527</td><td colspan="2">4527</td></tr>
<tr><td colspan="3">合计</td><td>5578</td><td>1366</td><td>6944</td><td colspan="2">6944</td></tr>
</table>

【推行“三证合一”注册登记模式】 2015年9月25日，经开工商分局与全省同步推行“三证合一、一照一码”注册登记新模式。“三证合一”登记制度是指企业登记时依次申请，分别由工商行政管理部门核发工商营业执照、质量技术监督部门核发组织机构代码证、税务部门核发税务登记证，改为企业“一次申请”、由工商部门“一窗受理”，将营业执照、组织机构代码证、税务登记证“三证合一”，原本15位的“注册号”变成18位的“统一社会信用代码”的登记制度。企业办事更加方便快捷，办结时间缩短至3个工作日，最

“三证合一、一照一码”注册登记

快当场可以办结，申请资料由5套减少为1套，而且免交组织机构代码证工本费。全年，核发加载社会统一信用代码的营业执照291份。

【中小企业融资】 2015年，经开区开展股权出质、股权出资、动产抵押登记，拓宽企业融资平台。全年股权出质登记28条，出质股权数额8.60亿元，担保金额8.32亿元；动产抵押登记41件，担保金额11.52亿元。帮助中小企业解决融资难题。

【重点领域监管执法】 2015年，经开区对从事民间投资理财咨询、歌舞娱乐、危险化学品、烟花爆竹等重点行业无照经营行为进行监管整治；经开工商分局会同公安等部门打击传销活动；查处虚假宣传、假冒伪劣和不正当竞争行为；开展“红盾春雷2015行动”；对供水、供电、燃气、烟草、保险、通信、工程检测等领域垄断违法行为进行排查；保护知识产权，打击互联网领域及农村和城乡接合部制售侵犯注册商标专用权违法行为；开展“中国制造”海外形象维护的“清风”行动。全年立案查办违法案件22件，其中商标侵权案件3件、不正当竞争案件2件、不合格商品案件6件、利用互联网进行虚假宣传案件4件、商标侵权案件7件，罚没金额7.13万元，没收侵权“凤凰”自行车60辆、侵权“五粮春”白酒55瓶，结案率100%。

【流通领域商品质量监管】 2015年，经开工商分局配合市局开展对辖区销售床上用品、塑钢、管材、木工板、车用汽油柴油、电动自行车等7种商品50个批次的质量抽查检测，对销售5个批次不合格的商品进行立案查处和限期整改，确保商品质量安全。

【企业信息公示】 2015年，经开区根据国务院《企业信息公示暂行条例》要求，对2014年以来适用一般程序办结的行政处罚案件信息进行排查公示，运用“绵阳工商局”门户网站行政处罚信息公示系统，对自然人行政处罚信息予以公示。

工商行政执法

【消费者权益维护】 2015年，经开工商分局“12315”投诉电话保证全天24小时接听投诉和举报，年内共接待消费者咨询290余人次，受理消费者投诉103件，调解

消费者权益日宣传活动

结案103件，调解率100%，为消费者挽回经济损失32.4万余元；开展企业消费维权行政约谈3次。

质量技术监督

【概况】 2015年，经开区有登记在册特种设备使用单位86家、特种设备1544台，其中锅炉40台、压力容器827台、厂（场）内机动车94辆、起重机械83台、电梯501台。辖区内有机动车检验检测机构2家（绵阳泰安机动车检测有限责任公司、绵阳市顺源机动车检验有限公司）；食品相关产品生产企业4家；危化品使用单位2家；集贸市场6处、能源计量企业2家。9月24日，区社发局（质监局）对辖区2家机动车安全技术检测机构进行年度专项检查，确保机动车检验准确有效。11月4日，配合市质量技术监督局完成利尔化学有限公司能源计量审查、压力表计量标准考核工作。

【特种设备监察】 2015年，区社发局（质监局）出动人员10余人次，检查利尔化学股份有限公司、四川美丰科技有限公司等特种设备使用单位40余家，检查锅炉、压力容器、叉车、起重机械、电梯等特种设备300余台，发出《特种设备安全监察书》2份、安全隐患整改告知书4份，消除安全隐患40余处。

佳昊生态园

文化·教育·体育

Cultural Education And Sports

教育概述

【概况】 2015年，经开区有各级各类学校45所，其中幼儿园30所（小学附设幼儿园2所、民办幼儿园28所）、小学3所、初中2所、培训机构7所、高校3所。在校学生11490人，其中幼儿园4258人、小学5160人、初中1323人、培训机构749人；教职工1003人，其中幼儿园550人、小学259人、初中145人、培训机构49人。中学高级教师28名、中学一级教师73名、中学二级教师43名、小学高级教师106人、小学一级教师95名。

【教育惠民工程】 2015年，经开区贯彻落实国家“三免一补”和各项惠民政策，做到“应免尽免”“应补尽补”。全力做好家庭经济困难儿童资助工作，对区级教育行政主管部门批准的普惠性幼儿园的在园家庭经济困难儿童、孤儿和残疾儿童，按照7.45%的比例减免保教费，全区资助285名幼儿。免除中职学校学生学费165人，给予中职学校学生助学金8人。为5名家庭经济困难大学新生发放生源地助学贷款。

基础教育

【概况】 2015年，经开区新增民办幼儿园2所。免费午餐计划覆盖绵阳市第十一中学，惠及813名学生，占义务教育阶段学生的13%。选派绵阳市第十九中学1名优秀教师到阿坝州壤塘县支教，支教教师深入教育管理及教学一线，开展课程改革，帮助受援地提高教育教学质量。积极参加绵阳市第八届中小学生艺术节，选派表演类节目2个、艺术类作品6幅、征文3篇参演、参展。2015—2016学年度，校方责任险参保学生9418人，参保学校35所，其中幼儿园30所、小学3所、初中2所，做到“应保尽保”。组织全区学校（幼儿园）参加消防应急演练观摩和消防知识培训，共510名学生、93名教师参加。全区学校（幼儿园）有专职安保人员78人，86%以上的学校（幼儿园）保证2名以上专（兼）职保安，35所学校（幼儿园）建有视频监控系统。

【教师队伍建设】 2015年，经开区公开招聘教师7名，评审小学高级教师1人，中学高级教师2人、中级教师5人。全区19人参加国家级培训，13人参加省级培训，117人参加市级培训，434人参加区级培训。成功举办以践行“孝道”文化、感悟“易经”与人生为主题的两场教师专题培训讲座。选拔第二批市级骨干教师6名，并进行为期三年系统培养、培训。选拔绵阳市教育家型校长1名、绵阳市专家型教学名师1名，并进行为期两年系统培养、培训。评选四川省优秀教师1名，绵阳市优秀教师4名。选派4名教师参加绵阳市“名师优课”大赛。

【首届经开区幼儿教师职业技能大赛】 2015年10月20日，区社发局和区总工会在三江国际丽城少年宫幼儿园联合举办经开区幼儿教师职业技能大赛。区纪工委书记、区总工会主席张治冬亲临赛场指导。比赛由简笔画、自弹自唱、幼儿舞蹈和教师思想素质能力测评等4个项目组成，全区16所幼儿园的31名教师参加比赛，16名选手分获一、二、三等奖，3所幼儿园获得团体优秀组织奖，三江国际丽城少年宫的两名教师被选拔出来代表经开区参加全市幼儿教师技能大赛。

【德育素质教育】 2015年，开展“学习和争做美德少年”“向国旗敬礼”“法治宣传教育校园文化主题月暨宪法学习日”等活动，有力地践行了社会主义核心价值观。表彰区级三好学生67人、优秀学生干部32人、先进班集体16个、优秀少先队员22人。

【乡村学校少年宫建设】 2015年，绵阳市第十九中学由学校校长亲自抓少年宫的活动建设，政教处具体落实检查。以美术为突破口辅以器乐、棋类、舞蹈、太极等特色项目，每天利用中午和课外活动时间，加强对艺体特长学生的辅导，由点及面加快少年宫建设。2016年1月7日上午，绵阳市第十九中学少年宫成功通过市教体局政教科评估验收，被评为市级美术特色少年宫。

【绵阳市第十一中学】 始建于1970年，位于经开区塘汛镇友谊街63号，占地1.9公顷，建筑面积12126平方米。有21个教学班，在校学生813人，教职工95人，其中中学高级教师14人、中学一级教师43人、中学二级教师34人。学校在“崇尚服务、经营幸福”的办学理念指导下，坚持“121”课改，全面实施德育改革，为学生的发展创设适宜的教学环境。国际象棋连续两届在全国棋类比赛中获前五名。学校先后荣获“四川省校风示范学校”“绵阳市示范初中”“绵阳市现代教育技术先进集体”“绵阳市未成年人思想道德建设先进集体”“绵阳市田径传统项目学校”“绵阳市阳光体育示范学校”“绵阳市初中培养输送体育特长生先进学校”等殊荣。

【绵阳市第十九中学】 位于经开区松垭镇文华街61号，占地1.9公顷，建筑面积7250平方米。有12个教学班，在校学生510人，教职工52人，其中中学高级教师8人、中学一级教师30人、中学二级教师9人。学校以“重视素质教育，为学生终身发展奠基”为办学理念，着力提高教师素质，认真抓好未成年人思想道德建设工作，深入开展教研、教改，扎实推进素质教育。学校先后被评为“绵阳市示范初中”“绵阳市甲级校风示范学校”“绵阳市首批校园文化特色学校”“绵阳市文明单位”“绵阳市素质教育先进学校”“绵阳市教育工作先进单位”，并被绵阳市教科所纳入质量统一监控的样本学校。

【富临实验小学】 2003年挂牌成立，位于经开区机场路东段416号，学校由经开区跃进、文武、板桥、群文、南塔等5所村小合并而成。学校占地1公顷，建筑面积7300平方米。有36个教学班，在校学生

富临实验小学

1966人，教职工85人，其中中学高级教师1人、小学高级教师33人、小学一级教师38人。学校以“素质教育、军教结合、从小做起、爱军习武、居安思危、献身国防”为理念，培养青少年勇敢、坚强的意志以及开朗的性格和健康的体魄。学校先后荣获“全国语言文字规范化示范学校”“全国平安和谐校园”“全国教育科研先进学校”“全国中小学图书管理先进学校”“四川省少年军校”“绵阳市示范小学”“绵阳市文明单位”“绵阳市校本研修示范学校”“绵阳市科技劳技教育特色学校”“绵阳市交通安全示范校”“绵阳市法制学校”等殊荣。

【德政街小学】 前身为“日新”小学，系绵阳首批共产党员、革命烈士，第一任校长谭德政于1928年取义《汤子·盘铭》句“苟日新，又日新，日日新”而建。学校位于经开区松垭镇德政街26号，占地1.7公顷，建筑面积9732平方米。有24个教学班，在校学生1220人，教职工67人，其中中学高级教师3人、小学高级教师34人、小学一级教师24人。学校先后荣获“绵阳市示范小学”“绵阳市甲级校风示范学校”“绵阳市警校共建先进单位”“绵阳市文明单位”“绵阳市首批校园文化建设先进单位”“绵阳市艺术体操协会会员单位”“绵阳市十佳青少年艺术教育示范单位”“四川省农村现代远程项目学校”“绵阳市十佳乡村少年宫”“绵阳市特色少年宫”“绵阳市示范少年宫”“绵阳市法制建设先进学校”等殊荣。

【塘汛小学】 始建于1925年，位于经开区塘汛镇南街239号，占地3.4公顷，建筑面积7760平方米。有34个教学班，在校学生1974人，教职工78人，其中中学高级教师2人、小学高级教师39人、小学一级教师33人。学校奉行生命教育，以培养“风格教师、个性学子”为己任，以构建“生命圣地、童年乐园”为目标。学校先后荣获“全国百强特色学校”“全国科学教育实验基地校”“国家远程教育项目工程试点学校”“绵阳市甲级校风示范学校”“绵阳市示范小学”“绵阳市体育项目传统学校”“绵阳市首批特色校园文化建设示范校”“绵阳市青少年科技教育示范学校”“绵阳市绿色学校”等殊荣。

高等教育

【概况】 2015年，经开区有高等院校3所。其中全日制普通教育本科院校2所：四川文化艺术学院、中国民航飞行学院绵阳分院；全日制民办高等职业技术学院1所：四川电子机械职业技术学院。

【四川文化艺术学院】 经教育部批准转设的独立设置艺术类院校，是全国唯一一所以“文化艺术”命名的高等艺术学府。学院成立中国非物质文化遗产研究院、中华人民共和国文化部艺术发展中心培训部，建有中国当代作家体量最大的王蒙文学艺术馆。学院本部占地面积77公顷，教学区校舍建筑、教学行政用房、图书馆总面积39.16万平方米。学院设有音乐系、现代艺术系、视觉传达设计系、工业设计系、传媒艺术系、美术系、戏剧影视系、播音主持系、人文艺术系、公共基础部等十个教学单位，设置十七个专业，专业方向近六十个。学院舞蹈《青苹时节》在第六届中国舞蹈荷花奖比赛中荣获艺术院校组作品铜奖；歌剧《原野》片段在第二届全国高等艺术院校“歌剧、声乐”展演，获得歌剧片段组三等奖；获得“首届全国高校旅游纪念品设计大赛”金奖。学院先后加入欧洲文化艺术联盟、国际设计师协会，与美国、英国、新西兰、韩国、日本、俄罗斯等国外著名艺术学院建立多个留学项目、教育教学项目。

【中国民航飞行学院绵阳分院】 是一所集飞行教学训练与航空运输飞行于一体的从事民航运输机飞行员培训的训练分院。学院占地20公顷，建筑面积3.8万平方米，建有功能齐全的多媒体教室、CBT教室、语音实验室、多功能学术报告厅、体育馆、田径运动场、娱乐活动中心、空地勤食堂等教学服务设施。学院有飞行与理论教师64名，其中一级飞行教师5名、二级飞行教师31名、三级飞行教师12名，有21名飞行教师荣获民航总局“功勋飞行员”称号，34名飞行教师荣获安全飞行“金质奖章”。学院有高级职称技术人员7名、中级职称技术人员69名、初级职称技术人员28名。学院具有年训练飞行35000小时，培训238名飞行员的能力。先后获得“四

中国民航飞行学院绵阳分院

【文化遗产保护】 经开区有省级文物保护单位1处，市级文物保护单位1处，分别是“肖杨氏节孝坊”和“拱辰塔”，2处文物均位于经开区塘汛镇境内。全年对2处文物进行多次安全隐患排查，建立文物安全监管台账，并开展文物违法违规情况自查工作。

卫生与人口计划生育

Health And Family Planning

医院建筑物严重受损，经市委财经领导小组2010年第9次会议研究，确定把万江眼科医院灾后重建项目安排在经开区恢复重建。项目由华西集团四川永安建设有限公司承建，新院区选址于经开区南山中路红塔街16号，按国家三级甲等眼科专科医院标准建设，总建筑面积39731.38平方米，投资1.2亿。2013年9月进行土方开挖，主体工程于2015年4月封顶，被评为优质结构工程，室内装饰、设备安装及室外附属设施和绿化工程施工有序进行。

【塘汛镇卫生院】 1958年成立，位于塘汛镇群丰街6号，占地面积3851平方米，属乡镇基层医疗卫生机构，一级甲等卫生院，公益一类事业单位，主要承担塘汛镇基本医疗服务、基本公共卫生服务、计划生育服务工作。核定编制36人，在岗工作人员41人，其中在编29人、招聘人员12人，村卫生室乡村医生20人。卫生专业技术人员36人，其他人员5人。大学专科及以上30人、中级职称11人、初级25人。设有内科、外科、儿科、骨科、妇产科、计生、中医科、康复理疗科、五官科、口腔科、公卫科11个临床科室及放射科、检验科、超声室、心电室、供应后勤5个辅助功能性科室。2015年门诊人次72910人，住院人次1380人，床位利用率75%，业务收入997万元。

【城南社区卫生服务中心】 原名绵阳市人民医院经开区分院，1996年成立。城南社区卫生服务中心主要服务城南街道群众。按照绵阳市政府相关规定，2015年5月，城南社区卫生服务中心正式由经开区管委会独立承建，是一所集预防、保健、医疗、康复、健康教育和计划生育指导为一体的综合性医疗机构。核定编制15人，在岗工作人员29人，其中在编6人，招聘人员23人，社区卫生服务站医生6人。卫生专业技术人员22人，其他人员7人。大学专科及以上24人、中级职称4人、初级18人。全院业务用房3600平方米，设置病床27张；主要医疗设备有超声诊断仪、全自动生化分析仪、全自动尿液分析仪、多参数心电监护仪、心电图机、激光治疗仪等。设有内科、外科、儿科、妇产科、计生、中医科、康复理疗科、公卫科8个临床科室及放射科、检验科、超声室、心电室、供应后勤5个辅助功能性科室。2015年门诊人次29350人，业务收入420万元。

人口与计划生育

【概况】 2015年，全区常住人口中有育龄妇女21405人，已婚育龄妇女17726人。全年新生人口857人，其中政策内出生812人，符合政策生育率为95%。全区死亡人口341人，人口自然增长率6.9‰。全年“三查”人数16256人，参查率91%。征收社会抚养费88.5万元，征收款项全部上缴区财政金库。为2482名0~6岁独生子女购买意外伤害险，赔付金额17.23万元。全区“三金”对象12719人，其中奖励扶助对象460人；计划生育特别扶助80人；享受独生子女父母奖励金12179人，发放资金163.28万元。坚持计划生育基本国策，落实好“单独两孩”政策。新生人口中单独两孩284人，比上年同期增长43%。实施免费孕前优生健康检查，计划怀孕夫妇优生科学知识知晓率达到80%以上，计划怀孕夫妇参加免费优生健康检查的主动性和自觉性不断增强，目标人群检查覆盖率达60%。

【流动人口均等化服务】 2015年，经开区纳入统计的流动人口（在辖区生活居住3个月以上）总数1996人，其中流入666人、流出910人。落实好流动人口与常住人口同宣传、同管理、同服务工作。为流动人口提供避孕药具和免费技术服务，简化各项流动人口办证工作流程。为流动人口落实免费的避孕节育手术5例，免费发放避孕药具1200余人次，办理流动人口各项证件321个。提高计生工作人员流动人口统计和信息管理水平，强化了流动人口的电脑信息录入工作，更新流动人口信息1000多条。

【妇幼保健】 2015年，辖区各医疗机构，加强孕产妇保健和管理工作，全区孕产妇死亡率、婴儿死亡率分别为0/10万、0‰，处于全市较低水平。经开区暂无妇幼保健机构，妇幼保健工作采取购买服务方式委托涪城区妇幼保健院开展，全区免费婚检率达80%，较上年提高5%。全年参加市级举办培训班6期，累计培训妇幼卫生管理人员、产儿科技术人员30人次。

“全民健身促健康，共圆体育强国梦”全民健身活动

社会生活
Social Life

城乡居民生活

【概况】 2015年，经开区坚持以科学发展观为指导，坚持稳中求进的工作总基调，全面深化改革扩大开放，加快经济提质增效升级，全区经济保持平稳发展态势，结构调整出现积极变化，民生保障水平进一步提高，社会事业全面发展。全区城镇居民人均可支配收入27170元，同比增长8.2%；农村居民人均可支配收入12349元，同比增长9.5%。

【基层组织（社区）阵地建设】 2015年社发局通过政策宣传、部门协调、上门服务等方式，同辖区16家房地产企业签订《社区用房协议》，落实社区工作用房和居民公益性服务用房面积8100余平方米，移交社区用房1084平方米。完成三元社区、板桥社区、南塔社区标准化建设。

【文体健身广场操舞展示活动】 2015年4月15日，经开区塘汛镇在群众文化体育广场组织开展文体健身广场操舞展示活动。塘汛快乐健身队、老年大学健身队等5支健身队近200名文体爱好者参加展示，近400名观众观看。老年大学健身队的《纳西情歌》广场舞获第一名，快乐健身队、社区之声文艺队、中街社区夕阳红健身队、福泽源小区健身队分获第二名和第三名。

社会保险

【概况】 2015年，经开区启动机关事业单位养老保险制度改革工作，实施失业保险稳岗补贴、城镇职工城镇居民大病医疗补充报销、企业退休人员养老保险待遇调整、降低养老保险缴费基数下限、降低失业保险缴费比例、老失地农民参加基本养老保险、城乡养老保险制度衔接经办规程等保险政策，减轻企业社会保险缴费负担，扩大社会保险参保覆盖面。

2015年，全区社会保险参保42898人次，征缴社会保险费12265.70万元。全区领取养老保险待遇的退休人员12774人（其中领取城镇职工养老保险待遇11117人、领取城乡居民养老保险待遇1657人），按时足额支付退休人员养老保险待遇13758.59万元。

【企业职工养老保险】 2015年，经开区取消身份、户籍、就业方式等条件限制，在法定退休年龄以内的本地城乡户籍人员可根据自身缴费能力在户籍所在地自愿选择参加企业职工养老保险或城乡居民养老保险，在本区从事灵活就业且符合参保条件的外地户籍人员可在本区自愿申请参加企业职工养老保险。

2015年，经开区企业职工养老保险参保5493人（其中单位参保2694人、个体参保2799人）；征缴养老保险费10799.37万元，清收欠缴养老保险费25.47万元。全区企业退休人员11117人，按时足额发放企业退休人员养老金13512.10万元，支付退休死亡人员待遇229人643.30万元；办理企业退休人员领取养老金资格认证10624人，认证率100%；办理领取养老金资格异地协查认证480人。清理和确认参保人员个人信息22611人，基础数据有效率99.99%；制作社会保障卡16675张，发放社会保障卡12973张。办理养老保险关系转移467人（其中转入438人、转出29人）。

【城乡居民基本养老保险】 2015年，经开区城乡居民基本养老保险覆盖13239人，参保缴费5825人，征缴城乡居民养老保险费126.73万元；领取城乡居民基本养老保险待遇1657人，按时足额发放城乡居民社会养老保险养老金246.49万元。办理城乡居民社会养老保险待遇领取资格认证1629人，认证率100%。

【养老金待遇调整】 2015年，经开区对退休职工基础养老金和城乡居民基本养老保险基础养老金待遇进行调整。退休职工基础养老金调整从2015年1月1日执行，实行定额调整、挂钩调整和适度倾斜调整办法，定额调整标准为每人每月增加120元，挂钩调整标准为缴费年限超过15年的每增加7元，倾斜调整主要面向企业高龄退休人员、艰苦边远地区新增退休人员、企业退休军转干部等8类人群，各类人群每人每月调增标准分别在30~80元之间；全区享受企业退休人员养老金调整政策人员10561人，人平月均调增基础养老金133.06元。城乡居民基本养老保险基础养老金待遇调整从2014年7月1日执行，标准由每人每月60元调整为每人每月75元；全区享受城乡居民基本养老保险基础养老金待遇调整政策人员1665人，调整后补发2014年7月至2015年1月基础养老金17.48万元。

【基本医疗保险】 2015年，经开区基本医疗保险参保15902人，其中企业职工医疗保险参保3334人，城镇居民基本医疗保险参保12568人（儿童1071人、在校大学生4533人）。征缴医疗保险费1018.13万元。支付医疗保险费用报销23844人次669.65万元，其中企业职工医疗保险费报销22290人次175.27万元（包括企业职工医疗保险普通门诊和医保定点零售药店购买药品费用报销22196人次140.32万元、职工住院费用报销94人次34.95万元），城镇居民医疗保险费报销1499人次360.19万元（包括城镇居民普通门诊费用报销513人次2.64万元、居民住院986人次357.55万元）。办理医疗保险关系转移506人（转入454人、转出52人）。

【医疗大病补充保险】 2015年，经开区全面实施城镇职工和城镇居民大病补充保险。城镇职工大病补充保险保障对象为参加本区城镇职工基本医疗保险且已缴纳当年职工大病补充保险费用的人员，缴费标准为每人每年120元；中国人寿保险股份公司绵阳分公司为全区城镇居民大病保险的承办机构。城镇居民大病补充保险保障对象为参加本区城镇居民基本医疗保险的参保人；城镇居民大病保险资金从城镇居

九三学社绵阳市委、经开区总工会、团工委等单位应邀参加宣传咨询活动。

【职业培训】 2015年，经开区完善《职业培训定点机构公开招标实施办法》和《职业培训绩效管理办法》，通过公开招标，确定绵阳市红枫职业技能培训学校、绵阳市阳光职业培训学校、绵阳市天龙晟筑职业培训学校、绵阳市明星烹饪技术职业培训学校、绵阳旅游学校、绵阳市涪城区助创职业培训学校、绵阳市旅游职业培训学校、绵阳市玉龙职业培训学校、绵阳市美新家政职业培训学校、绵阳市涪城区泓力职业培训学校10所学校为经开区2015年职业技能定点培训机构。全年开展各类人员职业技能培训22期，培训人员1034人，其中失地农民职业技能培训11期，培训人员636人；新生代青年劳动力培训4期，培训人员200人；农民工岗前技能培训4期，培训人员198人。

【创新创业】 2015年，经开区落实创业扶持优惠政策。新建东虹、积家工业园2个创业孵化基地，入驻创业项目145项。免费举办SYI创业培训3期，培训人员90人。促进高校毕业生成功创业40人，发放高校毕业生创业扶持补贴资金40万元。组织开展争创市级创业明星、创业能手活动1次，推荐四川金达诺科技有限公司杨安泽、四川梓冠光电科技有限公司唐娟分别被绵阳市创建办评为绵阳市“十大创业明星”和绵阳市“十大创业能手”。

【劳动监察与劳动关系调解】 2015年，经开区完善劳动关系三方调解机制；加强劳动监察两网化建设，建立劳动监察网格3个，每个网格配备1名专职劳动监察协管员；开展清理规范劳动市场秩序、劳务派遣公司清理整顿、《劳动合同法》执行情况专项检查各1次，检查各类用人单位68个次，涉及劳动者5000余人，查处违法案件8件（其中未依法参加社会保险4件、未依法签订劳动合同4件）。全年受理劳动纠纷投诉46件（其中书记市长信箱转办单9件），依法调处46件，结案46件，结案率100%。

【农民工工资案件处理】 2015年，经开区受理建筑企业拖欠农民工工资案件投诉52件（其中20人以上群体性案件48件，到市级机关群体上访案件5件），涉及农民工4800余人、金额约1.2亿元；成功调处45件，调处率为90%，帮助农民工追讨欠薪7200余万元；依法移交公安机关处理3件，追究恶意欠薪者刑事责任3人。

社会福利

【概况】 2015年，经开区新增民办养老机构床位200张，建设城乡社区日间照料中心4个，为350名60岁以上困难家庭失能老人和80周岁以上老人提供居家养老服务。全区有城市低保户551户、731人，农村低保户326户、454人；“五保户”41人，集中供养32人，分散供养9人，供养总金额56.268万元，人均每月1143.6元；分散供养孤儿2人，孤儿695元/人·月基本生活费及时足额发放到位。全年救济困难群众91人次，发放临时救济金23100元。困难群众医疗救助人数249人，总救助金额80.96万元，门诊救助人均512元；住院救助人均3296元，医疗救助政策范围内住院自付费用救助比例达到71%。2015年，经开区户籍总人口71191人，其中60周岁以上老年人口6511人，占总人口的8.35%；80周岁老年人口1488人，占总人口的1.9%；100岁及以上老年人1人。全区90岁以上老人共计110人，全年发放老龄补贴6.6万元；办理“老年证”320本；圆满完成第四次中国城乡老年人生活状况专项调查任务120人。

【九九佳园颐养苑】 绵阳市九九佳园颐养苑有限责任公司举办，位于塘汛镇桃源村十社，成立于2009年6月，2010年7月开始营运，是老年人老有所养、老有所医、老有所学、老有所乐的养老场所。规划净用地面积3.07公顷，约28800平方米。2015年底，建成建筑面积16900平方米，完成投资1.05亿元，拥有床位548张。有管理人员及工作人员53人，其中有医师资格证1人、护士2人，经民政局及护理院校培训的护理人员28人。2015年年底，供养老人近150人，其中社会老人130余人、“五保”老人16人。

【低保专项整治行动】 2015年，区社发局开展低保专项整治行动，严格按照低保政策开展工作，按照应保尽保、应退尽退、分类施保原则，截至2015年12月，取消不符合低保政策低保户62户，全面完成低保提标，城市低保标准达到400元/月，累计月人均补助242.14元；农村低保标准达到220元/月，累计月人均补助137.9元。

【敬老月慰问活动】 2015年9月9日，区社发局下发《关于开展2015年“敬老月”活动的通知》，组织辖区两镇一街道广泛开展“敬老月”为老年人送温暖慰问活动，各镇（街道）以村（社区）为单位，通过开茶话会、座谈会和领导干部走访等形式慰问辖区孤寡、失能、空巢和90岁以上高龄老人共计260人，发放慰问金4.3万元。

残疾人事业

【概况】 2015年，经开区持有二代证残疾人1286人，其中一级残疾204人、二级残疾226人、三级残疾352人、四级残疾504人。有一、二级重度残疾人430名，重度残疾人护理补贴全部按月发放，投入资金31.02余万元；11名符合条件的下肢残疾人按每人每年365元的标准发放机动轮椅车燃油补贴4015元。全区帮助农村贫困残疾人扶贫解困20人，通过物资扶持（提供种畜、种苗、农药、化肥、饲料等物资），信贷需求扶持，农村实用技术培训等帮助其发展生产。2015年，全区开展春风送岗位活动，先后组织20余家福利企业在区、镇举办残疾人就业招聘会20余场，提供就业岗位2000余个，对全区4名残疾人进行职业技能培训，实现单位就业1人；完成城乡残疾人居家灵活就业126人，完成居家灵活就业直补38人。

【残疾人民生工程】 2015年，经开区纳入市委、市政府的各项残疾人民生工程全面完成，其中城乡残疾人灵活就业126人；帮助农村贫困残疾人扶贫解困20人；为贫困残疾人适配亟须的基本辅助器具110人；救助贫困家庭脑瘫儿童1人；救助听力残疾儿童救助1人；居家托养智力、精神和重度残疾人39人。

【残疾人社会保障】 2015年，全区残疾人最低生活保障251人；特困人员供养4人；医疗救助32人次；教育、住房、就业和其他临时救助11人次；困难残疾人生活补助9人次；享受托养服务40人次；职工社会医疗保险111人；城乡居民养老保险1357人，城镇居民（新农合医疗）保险1704人。

【残疾人康复】 2015年，全区完成白内障复明手术13例，其中实施贫困白内障患者免费复明手术10例；组织开展盲人定向行走训练13人；聋儿语训6名；智力残疾儿童抢救性康复训练25名；肢体残疾人社区康复训练63名；救助精神病患者住院40人，服药救助54人次，关爱40人次；肢体残疾人装配假肢3例；脑瘫儿童康复训练2例；智残儿童康复训练1列。

镇·街道

Town And Street

塘汛镇

【概况】 据《直隶绵州志》记载，塘汛为清军在绵州的驻防地，并在此设驿关卡。也是绵州城南通往潼川府和川南重要官道，至今已有数百年的历史。据《六部成语·兵部》记载，汛为清代兵制，比汛小为塘，塘汛也因而得名。2005年以前归涪城区，2005年归属绵阳经济技术开发区。

塘汛镇位于经开区中心区域，距绵阳主城区5千米，面积25平方千米，镇政府驻塘汛街192号。塘汛镇是绵阳市文明城镇。全镇辖7个行政村（洪恩村、三河村、群丰村、红五村、金广村、友谊村、桃园村），64个村民小组；4个社区居委会（中心社区、三元社区、涪沿社区、中街社区），29个居民小组。全镇有12347户，其中农业户1932户；户籍人口29689人，其中农业人口4428人。截至年底，全镇城乡居民人均年纯收入13596元。

镇辖区内有金融机构2个（农业银行绵阳分行经开区支行、农村信用合作社经开区营业厅），存款余额15.6亿元（农行经开区支行3.7亿元、农村信用社11.9亿元），贷款余额4.02亿元（农行经开区支行0.12亿元、农村信用社3.9亿元）。

2015年，全镇有耕地面积204.4公顷，林地面积320公顷，其中经济作物面积200.8公顷。粮食总产量1283.5吨，蔬菜产量2906吨，食油产量134吨，出栏生猪2126头、牛133头、羊28只、家禽39029羽，出产禽蛋24吨。

2015年，全镇实现工业总产值44亿元，比2014年增长15%；税收完成1.85亿元；固定资产投资19.75亿元，比2014年增长12%。辖区重要的工业企业有美丰科技、利尔化学、旭虹光电、禾大西普、日普精化、长虹电源等。

【农业产业和直补】 2015年，全镇组织清掏农灌主沟（排洪沟）2200米，搞好拆迁村（社区）开发建设受损沟渠的恢复和维修，确保农业用水和排洪；搞好犬只、鸡、鸭等畜禽春秋防疫，防疫率100%，消毒面积1.2万平方米；2015年国家调整政策性农业补贴类型，经入户核实，全镇农业耕地保护补贴涉及17个组1424户，补贴总面积177公顷，兑付补贴资金34万元；兑现农机补贴2户，支付补贴0.4万元。

【工业产业发展】 2015年，全镇实现工业总产值44亿元，比上年增长15%；税收完成1.85亿元；固定资产投资实现19.75亿元，同比增长12%。

2015年，全镇辖区有注册企业452家，其中工业企业52家、规模以上工业企业25家、高新技术企业38家。2015年进出口总额9000万美元，比2014年下降12%；其中进口500万美元，比2014年下降0.6%，主要产品为化工原料；出口8500万美元，比2014年下降11.4%，主要为化工产品。

【重点项目进场服务】 2015年，全镇完成农户拆迁290户、集体资产及企业拆迁10家，为各类项目提供建设用地66公顷，整理土地43公顷。同时，完成拆迁方案26个，编制国有土地报征方案32个，为产业布局、拆迁安置提供有力依据。确保F12、F6、塘汛北街、S16四个重大基础设施建设项目，利尔化学、九洲环保、天旋气门、维奇电子、虹涛电子、兴盛电子、高兴置业、蜀邦实业、大盛电子、中国移动、富临新能源、钲泰环保、科达物流、华晨瑞安14个产业项目顺利进场。

【基础设施建设】 2015年，全镇完成城南新区自建居民点（友谊村3、4、5组）雨污水管网工程，洪恩村自建居民点及三元社区4、5、6组电网改造工程，友谊1、2、6组健身广场及亮化工程，洪恩村居民点路灯亮化工程，洪恩村桃园村居民点健身广场及健身设施工程，中心社区4、6、7、9组及洪恩村居民点部分减速带安装工程，三元社区4、5、6居民点出口处及桃园居民点闲置土地硬化工程，全面完成全年目标任务。

【民生工程任务完成】 2015年，全镇为统规联建拆迁户安装自来水180户，安装天然气220户。完成城南壹号跃进统建房分购工作，分购统建房803套，面积6.9万平方米，735户1179名拆迁群众陆续入住。完成1400户2771人未分购户的统建房过渡费发放工作。协助完成34套公租房登记工作。协调解决35户南区花园统建房住户因房屋维修与物管、承建方存在的问题。严格依照政策，对被安置对象分年龄段购买社保、医保，2015年为1391人（累计2983人）办理城乡居民养老保险参保手续。加大宣传力度，动员组织老失地农民参加养老保险，共有854名老失地农民参加社保，其中超龄人员86名。

【医疗卫生和健康服务】 2015年，全镇为462位残疾人建立“量体裁衣”式个性化服务档案并制定详细的服务方案，与万江眼科医院、绵阳富临医院共同开展青光眼、白内障等眼病普查活动，为150名患者进行免费检查，为8位白内障患者实施免费手术。2015年，全镇新农合参保人数为19352人。做好春秋两季查灭螺和人畜查治病工作，查螺面积26.39公顷，查人606人，查畜54头，全镇无血吸虫病例发生。发放居民健康卡1.8万张，有乡镇卫生院1所，村（社区）卫生服务站11个、医院病床35张、卫生专业技术人员36名，医疗机构全年门诊诊疗7.6万人次，住院总诊疗1500人次。

【城镇就业】 2015年，全镇完成就业登记465人，失业登记662人，实现下岗失业人员再就业315人，就业困难人员再就业100人，年末城镇登记失业人数662人，城镇登记失业率控制在4%以内。全年举办就业创业培训班10期，完成就业培训490人，其中16—35岁青年劳动者138人，创业培训30人。

产2485.1吨，蔬菜产量7190吨，油料产量496吨，药材产量314.6吨。全年出栏生猪14805头、牛1168头、羊1163只、兔1160只、家禽216511羽，出产牛奶4291吨、禽蛋473吨。年末实有小（二）型水库1座、石河堰3座、各类山坪塘40余处，实际供水20万立方米。年末实有耕地面积400.3公顷，水田灌溉面积达到206.4公顷。

【项目建设】 2015年，松垭镇突出“一个基础”（拆迁安置），把握“一个关键”（整治建设环境），狠抓项目建设，产业实现快速发展。年内，绵阳六合机械制造有限公司年产500万件食品加工制冷压缩机缸体项目、四川昊阳药业股份有限公司药品分装与中药饮片加工项目、绵阳川味多实业有限公司万吨冷鲜肉肉制品及冷链仓储物流项目竣工投产，绵阳大北农农牧科技有限公司年产24万吨绿色无公害饲料项目厂房、办公楼等基础设施建设完工，投入试产；松垭镇加气加油站、绵阳福临铭食品加工设备有限公司年产200台套食品静电干燥设备生产项目、绵阳润森乾宇一期项目完成交地；民天实业食品包装机械设备及配件生产、绵阳昌华科技有限公司食品加工温度智能化控制设备生产项目、四川君仁物流有限公司100万吨物流项目等18个项目完成初步摸底统计和拆迁方案上报。

【居民点基础设施建设】 2015年，松垭镇白山小区、活观音小区、福馨AB区雨污水管网铺设及道路主体工程全面竣工；日新村排洪沟整治工程完成施工；鹤翔、德政社区商业城的道路及管网维修工程完工；日新小区大部分安置区基础设施建设及市政道路维修完成施工。松垭镇白山小区、活观音小区、福馨A区、福馨B区统规自建居民点基础设施建设于2013年11月开始实施。白山小区主要建设小区室外道路工程21017.6平方米，雨污水管网6730米，整治日新村排洪沟1230米、挡墙558.4米及交通桥，日新小区一期部分未安置区域基础设施建设及市政道路维修约4277平方米；活观音小区主要建设小区室外道路工程15276.4平方米，雨污水管网7470米，停车位67个及配套设施等；福馨AB区主要建设小区室外道路工程48868.6平方米，雨污水管网15060米，停车位147个及配套设

绵阳六合机械制造有限公司年产500万件食品加工制冷压缩机缸体项目竣工投产

施等，鹤翔、德政社区商业城的道路及管网维修等零星工程。项目建设总投资约8042.59万元，项目建设资金由业主自筹，工程由绵阳鑫之力投资有限责任公司负责实施。

镇相关部门现场验收庙基子村农村道路

【民生工程】　2015年，松垭镇完成民生工程9个。投资347万元启动的宝塔寺村塘堰精修工程及张家堰水毁工程、宝塔寺村农村饮水安全项目、宝塔寺村3.5千米机耕道硬化工程，年底完成施工并投入使用；完成德政街小学门口新增禁止停车线及禁止停车标示标牌建设；村（社区）广播村村响工程进入招投标程序；新增城镇就业310人，城镇失业人员再就业110人，城镇登记失业率为4.0%；场镇及各居民点安装分类垃圾箱327个、新建和维修垃圾房50个；全年新安装天然气90户，自来水273户。日新续建小区铺设燃气主管道1200米，活观音二期用电户表改装完成，白山小区三期居民自来水主管网铺设完成；全年新安装路灯1906盏，改造路灯277盏。鹤翔小区、商业城小区、日新小区、活观音小区、白山小区三期等6个小区路灯安装完毕并点亮，鹤翔街、皂角树街、六号路完成路灯改造并投入使用，一号路、工业区3号路完成电缆和控制器安装并点亮，辖区主干道实现大部分点亮，安置小区夜间照明实现全覆盖。

二环路三期松垭段在建现场

【二环路三期松垭段拆迁】　二环路三期松垭段长2.8千米，占地约30公顷。涉及3个村12个社，纳入二环路三期拆迁计划223户，其中主线红线范围内193户，主线红线外受水系、道路等中断对耕种、出行造成影响的农户30户，青苗10.45公顷（不含山

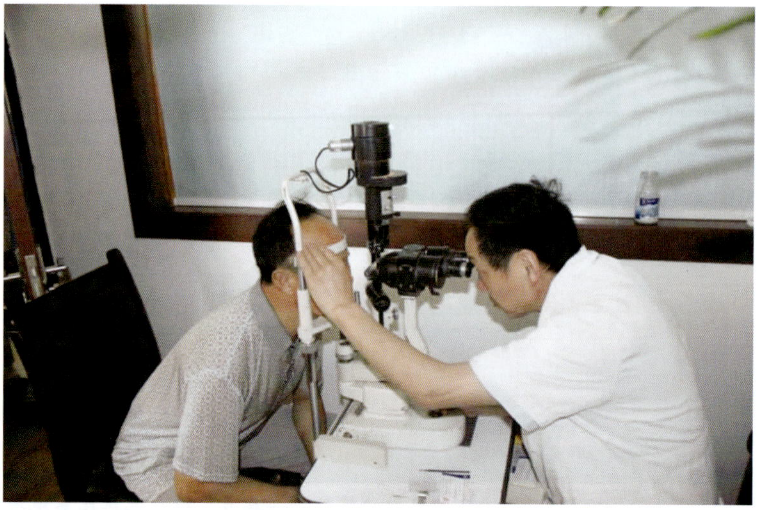
医生为白内障患者检查眼睛

障初检，检出白内障患者符合手术条件者42名，他们每人将获得3500元的贫困白内障患者补助并在医生的专业指导下进行白内障手术。

【白山社区被评为绵阳市优秀志愿服务社区】 2015年，松垭镇白山社区被绵阳市文明委、绵阳市志愿服务总队授予“绵阳市优秀志愿服务社区”称号。2012年3月，该社区建成社区志愿者服务工作站，有注册志愿者33人，7名志愿者被评定为一星级志愿者。2014年建成“白山社区志愿服务工作站”服务网及扶老助残、治安巡逻、文明创建、卫生保健、体育健身、关爱未成年人、心理咨询、环境保护、文明交通、应急抢险等志愿服务小队。该社区志愿服务站全年开展96次志愿服务活动，全年慰问、帮扶困难、特殊人群1200人次，组织开展的“关爱孤寡老人、情系留守儿童”志愿服务项目被评为经开区2015年度优秀志愿服务项目。

松垭镇白山社区获“绵阳市优秀志愿服务社区”称号

城南街道

【概况】 城南街道位于经开区核心区，绵阳城区南郊，毗邻绵阳南郊机场，于2001年2月22日经市政府批准成立。城南街道辖南塔、板桥、群文3个社区，文武、跃进2个村，41个社（组），面积13.87平方千米（陆地面积，不含三江水面）。

2015年年末，户籍在册8121户、19619人（非农业人口18870人），全年人口出生率9.19‰，人口自然增长率5.43‰，人口密度1445人/平方千米。

城南街道共有注册企业145家，规模以上企业24家。其中，以长虹PDP项目为代表的工业企业86家，以波鸿汽贸为代表的汽车销售企业38家，以三江国际丽城为代表的房地产企业9家。2015年，辖区工业总产值15.72亿元，社会固定资产投资41.36亿元，税收39725万元。

【农业产业发展】 2015年，城南街道农林牧渔业总产值600万元，农业增加值实现900万元，其中种植业增加值20万元。年末，实有耕地面积67.2公顷，粮食作物种植面积24.13公顷，经济作物种植面积108.4公顷，其中蔬菜种植面积51.4公顷。粮食产量401.5吨，蔬菜产量1400吨。出栏生猪1200头，猪肉产量91吨；出栏家禽1.26万羽，禽蛋产量9吨，水果产量22吨。化肥施用量（折纯）600吨；农村用电量744万千瓦时。

【拆迁项目推进】 2015年，城南街道启动中水、树高、华晨瑞安、长虹等16个（其中城南新区拆迁项目12个、绵三路以西拆迁项目4个）拆迁项目，累计提供建设用地125.9公顷。共拆迁农户170户，青苗补助339户，支付拆迁资金1598.1万元。

推进统建房地块、翥鹤堰改沟、涪翁堰改沟等基础设施项目，用地涉及南塔社区、文武村、跃进村面积20.93公顷。其中，涪翁堰改沟项目用地涉及南塔1、2、3、4、5社，用地面积1.07公顷，年内完成场平工作，待开工建设。

搞好产业项目服务，完成华晨瑞安、长虹工业园、树高地产、红星F地块、三江国际丽城二期中水房产等项目用地拆迁、平场。其中，华晨瑞安项目用地涉及跃进村5社，用地面积6.53公顷，年内完成交地工作。长虹工业园项目用地涉及群文社区、文武村、跃进村及老机场，用地面积60余公顷，完成交地近50公顷（主要包括美菱、华丰、物流园）。

【支柱产业发展】 2015年，城南街道实现15.72亿元工业总产值。制造业、服务

海赋长兴项目A地块平场拆迁

业发展较快，形成涪滨路沿线高中档商贸小区；以同立汽车城为核心的汽车商贸圈；以长虹工业为龙头的制造产业。

商贸小区主要以桃花岛、三江国际丽城、涪滨印象等9家商住小区为首，集餐饮、零售、文化服务等为一体，主打生活休闲聚集区。汽车商贸圈有宝马、斯巴鲁、大众、奥迪等知名品牌汽车4S店38家，主打整车销售、售后服务、二手车业务、精品及装潢销售等商贸业务。工业区以长虹工业、华晨瑞安等为龙头企业，主要从事电子信息、机械及汽车零部件加工。

【华晨瑞安年产600万支凸轮轴项目启动建设】 2015年12月22日，华晨瑞安年产600万支凸轮轴项目在城南街道跃进村5社举行开工奠基仪式，标志该项目顺利启动建设。该项目总投资6.6亿元，位于跃进村5社，占地面积6公顷左右。主要实施年产600万只凸轮轴生产，4年内将完成全部建设内容。

【安置小区基础配套设施建设】 2015年，城南街道完成零星工程100项，投入资金220万余元。实现南区花园3期道路硬化180米，群文社区三元居民点广场硬化2个，以及涉及21个居民点的路灯安装。完成南区花园6期门前、出口道路及板桥社区3组化粪池、李家三墙外的硬化工程和1100余户群众临时供电线路改造。铺设管道接入自来水500余户，结束临时性供水，自建小区通气率100%。

【统建房分购】 2015年，城南街道会审统建房2次，分购绵三路以西129户175套(主要安置在城南壹号统建房)。对辖区内会审通过的拆迁农户，进行户型填报登记，分购城南新区222户224套。

5月23日，城南街道组织拆迁农户，在四川文化艺术学院举行“城南壹号”统建房分购大会。符合分购条件并公示无异议的154户拆迁安置户，在公证员的全程监督下进行现场抓阄和签字确认。

12月22日，华晨瑞安年产600万支凸轮轴项目举行开工奠基仪式

【社会保障服务】 2015年，城南街道低保、医疗救助惠及211人次，发放保证金、救助金等各类资金62.72万元，医疗救助政策范围内住院自付费用救助比例达到55%。对辖区278名60周岁以上患有白内障的老人免费进行术前筛选检查，筛查合格的40名白内障患

10月20日，跃进村开展“重阳问暖”活动

者进行登记造册。为辖区430名残疾人信息录入系统并进行个性化服务；为2名残疾人发放残疾人机动轮椅车燃油补贴720元。实现残疾人自主创业灵活就业扶持13人，发放扶持金9500元。全年享受重度残疾人护理费用补贴的人数累计320人次，累计发放补贴59510元。

全街道实现城镇新增就业300人，技能就业培训300人，创业培训69人，就业登记1169名。开发公益性岗位77个，发放公益性岗位补贴72.04万元。为购买养老保险超龄的1937人发放养老金2792.5万元。为统征统转的7864名居民发放生活费1595.06万元。

【社区健康服务】 2015年，城南街道建有村（社区）卫生服务室5个，各类药店48家、诊所21家。社区卫生服务中心、村（社区）卫生服务室开展义诊服务、疾病咨询、健康宣传累计2.5万余人次。免费为老人量血压、医疗保健、建立健康档案等服务。截至年底，建立居民健康档案20128份，建档率100%，输入电子档案20128人，电子档案建档率100%。

【“敬老月”活动】 2015年10月，城南街道开展“敬老月”活动。为67名困难老人、高龄老人、空巢老人、“五保”老人、低保老人和残疾老人发放慰问资金8400元。为22名90岁以上老人发放高龄补贴13340元。同时，开展老年节座谈会、茶话会等老年文化交流活动，充实老人精神生活。

【文化活动】 2015年，城南街道举办以弘扬社会主义核心价值观和爱老敬老为主题的群众性文化活动，开展“迎新春”“春晚总动员”“欢乐送基层文化暖民心”等文化慰问演出5次，在社区累计放映公益电影60场次。

5月8日，第二届绵阳市（经开区）社区文化节活动之“关爱失独老人”书画艺术交流会在板桥社区举办。书画艺术交流会现场展出《北京奥运赋》《观音》等书画500余幅，多数由老年大学书法、绘画协会的老人所作。以成品展出、现场创作的形式，将飞禽走兽、花草山水、书法艺

5月8日，社区文化艺术节在板桥社区举办

画虎人“王老虎”现场创作

术融入艺术交流会之中。参与活动的老人200余人。

【社区体育设施建设】 2015年，城南街道建成各类健身广场19个、健身器材19套、篮球活动场所10个，惠及群众1.3万余人。国庆前夕，为南区花园4期文化广场新增健身器材1套（1副篮球架、2副室外乒乓球台），投资合计5.8万元，惠及群众2140人。围绕全面健身活动，免费开放体育场馆供群众体育锻炼，惠入群众1.2万余人次。

“全民健身日”活动

【庆元旦·迎新春暨道德模范故事会文化活动】 2015年12月30日，城南街道主办“庆元旦·迎新春暨道德模范故事会文化活动”活动。活动在南区花园文化广场举行，参演节目14个，均来自村（社区）群众排练，现场观看群众达400余人。歌舞《兵娃娃》表现突出，受到热捧；板桥社区快板《创文明·树新风》以新颖的形式把道德模范故事融入娱乐节目中，展示出村（社区）文明建设成果和精神风貌。

城南街道庆元旦·迎新春暨道德模范故事会文化活动

【板桥社区文化广场】 板桥社区文化广场修建于2003年，主要解决板桥社区1、2、3组居民休闲娱乐所需。广场面积1500平方米，集法治宣传、健身娱乐、文化活动集聚、养老服务四大功能。

板桥社区文化广场设有文化宣传栏、休闲长椅、娱乐健身设施。2015年，以志愿服务、文化活动为载体，主要开展新二十四孝专题宣传、关爱老人健康、法治宣传、安全知识科普、文艺会演等活动。

【“12331”投诉举报知识进社区活动】 2015年4月1日，城南街道协同区食药监局在南区花园举办食品药品安全暨“12331”投诉举报知识进社区活动。现场接受群众咨询10件，发放宣传单400余份，帮助社区居民了解假冒伪劣食品药品、食物中毒、食品和保健食品区别等食品安全常识，有力推进了“食品药品放心市”创建工作。

2015年下半年，板桥社区便民服务室实现便民服务体系标准化

【文化书屋建设】 2015年7月，城南街道对辖区的社区书屋、农家书屋等进行充实，完善5个书屋建设，方便群众借阅。新添购置、清理归档各类图书，分类、编号、登记图书9092册，书架26个。其中，板桥社区书屋将图书分为科技类、文化类、其他类，涉及农业、文学、天文、地理、家电维修技术等。书屋服务功能完善，定期组织群众开展读书、科普、有奖知识竞赛等活动。

【村（社区）便民服务室】 2015年，城南街道加强政务服务体系标准化建设，建立一专多能的便民服务室5个，面积约500平方米。9月开始，对村（社区）便民服务室进行升级或改建，统一村（社区）便民服务室名称，装修背景墙，醒目位置固定制度牌、窗口吊牌，并设置便民服务室代理工作公示栏，公示部门窗口名称、服务事项、办理条件、办理流程、办理时限、收费标准及依据、监督电话等各种办事要素。

设立群众事务党员代理岗，承诺期限内全程代理办结社区管理、综合服务、保险办理、社会救助、计生服务、流动人口、综治维稳、民事调解等服务。公开与便民服务相关的组织机构、监督机构、监督电话等。群众办事更加便捷、监督更加充分。

【电子化网格数据管理】 2015年，城南街道建立健全网格e通系统，辅助网格员高效快捷地填报各类台账、走访服务情况、记录民情日志。利用手机、PC平台，实现“事件新增—事件办理—事件验证—事件评分”的事件处理流程，分级上报社区警务室、派出所等。网格员对流动人口、吸毒人员、社区服刑人员等6类人员进行记录走访服务，信息收集后发送，由相应部门签收处理。准确归类、汇总民情民意，及时掌握工作动态，提高网格管理的效率。借助信息化管理，将信息采集、监督、反馈、督办流程进一步紧密衔接起来。

【志愿服务】 2015年，城南街道建成富临小学小小志愿队、卫生院天使志愿队、市移民办爱心志愿队、花鼓志愿队等9个专业志愿队，志愿者107人，为村（社区）提供文化、医疗卫生、法律、环保、消防等志愿服务。开展社区文明城市建设宣传、督导、清除牛皮癣广告、全民戒毒等活动7次，参加人数千余人次。开展“平安巡逻”和“关注燃气安全·共建美好家园”相关志愿服务30余次，参与人数500余人。

2015年，板桥社区志愿服务工作站获得绵阳市文明委、绵阳市志愿服务总队颁发的“2015年度优秀志愿服务工作站”称号。该志愿服务工作站开展“党员义工日”“美化家园”“守护母亲河”、关爱空巢老人、推广科普教育等系列志愿服务活动累计96次，出动志愿者千余人次。

“纪念先烈·报效祖国·圆梦中华”祭扫烈士墓志愿服务活动志愿者合影

统计资料

Statistical Information

续表

序号	单位名称	主要业务活动
28	四川铁骑力士牧业科技有限公司	种猪奶牛养殖批发
29	四川绿点农业发展有限公司	苗木批发
30	成都万友翔宇汽车销售服务有限公司绵阳分公司	汽车销售
31	四川九洲运输有限公司汽贸分公司	汽车销售
32	四川富临实业集团有限公司桃花岛酒店	住宿、餐饮

2015年绵阳经开区重点服务业企业统计

表30

序号	单位名称	主要业务活动
1	四川电子机械职业技术学院	专科层次的全日制普通高等职业教育
2	绵阳机场（集团）有限公司	航空服务
3	绵阳市南鑫二手车交易市场有限公司	二手车交易服务
4	绵阳空港出租车有限公司	出租车客运
5	绵阳市双安保安服务有限公司	门卫巡逻守护
6	绵阳市安洲驾校	驾驶员培训
7	四川富临运业集团股份有限公司	客运站经营
8	绵阳卓龙市场经营管理有限公司	市场管理
9	绵阳市顺通机动车安全技术检验有限责任公司	机动车常规安全技术检验
10	四川君仁物流有限公司	普通货运
11	四川长虹通信科技有限公司	互联网服务
12	绵阳聚星科技企业孵化管理有限公司	企业管理服务
13	四川小康时代互联网信息服务有限公司	互联网信息服务
14	绵阳市绵州机动车驾驶培训有限公司	机动车驾驶培训
15	四川长虹教育科技有限公司	交互式智能平板软件开发
16	四川王迪汽车文化传播有限公司	卡丁车 游艇
17	绵阳市远润物流有限责任公司	道路普通货运、搬运服务
18	四川孟林能源投资开发有限公司	投资咨询服务
19	绵阳民悦物业服务有限公司	物业管理服务

附　录
Elenchus

势产业发展情况。

5月18日，绵阳CBD万达广场旗舰购物中心项目正式开工。市领导颜超、王瑜，区领导毛一兵、黄兴禄、张治冬、陈鼎等参加开工仪式。

5月30日，四川省人民政府在成都举行颁奖大会，隆重表彰奖励荣获2013年第一届四川省专利奖的获奖单位。经开区利尔化学的4-氨基-3，5，6-三氯吡啶-2-甲酸的化学合成方法荣获二等奖。

9月1日，英国汇丰银行中国有限公司西区总经理黄文丽、汇丰中国美洲企业总监Jason Huck、汇丰中国欧洲国际业务总监Paul Allen一行到经开区考察外商投资企业及经开万达CBD建设发展情况。

9月18日，由四川美丰实业有限公司在经开区投资的美丰绵阳工业园全面投产。项目总投资近20亿元，已建成15万吨合成氨、18万吨硝酸、24万吨硝铵、45万吨硝基复肥、5万吨三聚氰胺生产装置。

经开区发文目录（部分）

经开区党工委 2015 年度文件目录（绵经开委）

表 31

发文序号	文件名称	拟办部门	印发日期
1 号	印发党工委管委会2014年工作总结	综合办	2 月 15 日
2 号	印发绵经区党工委管委会 2015 年工作要点	综合办	4 月 1 日
3 号	下达“项目落地建设年”项目建设目标任务通知	产服中心	4 月 10 日
4 号	表扬先进基层党组织、书记、共产党员和优秀党务工作者通报	党群部	6 月 25 日
5 号	印发《区领导同志分工》的通知	综合办	7 月 7 日
9 号	印发《党工委党建工作责任清单》通知	党群部	11 月 3 日
11 号	关于印发《绵阳经济技术开发区目标绩效管理办法》的通知	综合办	12 月 25 日

经开区管委会 2015 年度文件目录（绵经开管）

表 32

发文序号	文件名称	拟办部门	印发日期
1号	预付松垭镇 LNG 加气站所涉管线改迁工程款通知	住建局	1 月 9 日
2 号	表扬血防阻断达标先进的通报	社发局	1 月 9 日
3 号	表扬 2014 年度统计工作先进企业通报	经发局	1 月 20 日
4 号	进一步加强燃气安全管理工作通知	区安办	1 月 21 日
5 号	四川孟林经鑫燃气有限公司供气区域批复	住建局	1 月 26 日
6 号	德政街小学新建食堂项目业主变更批复	社发局	2 月 25 日

续表

发文序号	文件名称	拟办部门	印发日期
7号	长江中下游中心城市水环境综合治理园区贷款项目整改通知	财政局	2月27日
8号	印发《"住改仓"房屋安全整顿整治工作方案》的通知	住建局	3月11日
9号	印发《绵阳市经济技术开发区土地利用总体规划调整完善工作方案》的通知	国土分局	3月24日
10号	整治建设工程施工环境的通知	产服中心	3月26日
11号	侯军等同志职务任免的通知	党群部	3月26日
12号	拟解除项目投资合作协议通知	产服中心	3月30日
13号	王媒等同志职务任免的通知	党群部	4月3日
14号	成立农村生活垃圾之力工作领导小组的通知	城管局	4月16日
15号	印发《涉农资金专项整治行动实施方案》的通知	财政局	4月22日
16号	预付松垭镇LNG加气站所涉管线改迁工程款通知	住建局	4月30日
17号	关于2015年度财政收支预算方案批复	财政局	5月4日
18号	印发《国有土地一级整理实施办法》试行的通知	鑫之力	5月4日
19号	加快土地供应工作进一步提高供地率的通知	经开置业	5月13日
20号	做好绵阳会2013级初中生物地理毕业考试工作	社发局	6月2日
21号	关于印发《绵阳经济技术开发区产业发展专项资金管理暂行办法》的通知	经发局	6月9日
22号	关于李正等同志职务任免的通知	党群部	6月17日
23号	关于赖清龙同志职务任免的通知	党群部	6月17日
24号	绵阳经鑫土地整理有限公司董事会 监事会组成人员的通知	党群部	6月17日
25号	提名绵阳经鑫土地整理有限公司总经理人选通知	党群部	6月17日
26号	印发《经开区科技型中小企业专利服务卷管理办法(暂行)》的通知	科技局	7月7日
27号	督促闲置土地和低效利用土地加快建设的通知	投促局	7月8日
28号	同意将东虹工业明确为绵阳国家经开区科技型企业孵化中心的通知	聚星公司	7月10日
29号	成立国民经济和社会发展"十三五"规划编制小组	经发局	7月14日
30号	支持科技型中小企业发展若干优惠政策（试行）补充通知	科技局	7月16日

续表

发文序号	文件名称	拟办部门	印发日期
31号	尽快恢复松垭污水处理设备相关事宜批复	住建局	7月24日
32号	关于转发《四川省人民政府办公厅关于印发四川省2015年“互联网+”重点工作方案》的通知	科技局	8月17日
33号	关于转发《四川省人民政府关于全面推进大众创业万众创新的意见》的通知	科技局	6月8日
34号	关于切实加强安全隐患排查整改工作的通知	综合办	8月18日
35号	关于景刚等同志职务任免的通知	党群部	9月1日
36号	关于侯军等同志职务任免的通知	党群部	9月7日
37号	成立闲置土地处置工作领导小组的通知	住建局	9月22日
38号	印发《区闲置土地处理整改工作实施方案》	住建局	9月30日
39号	征集“知识产权进校园九鼎天文杯创意设计大赛”作品的通知	科技局	9月30日
40号	督促闲置土地企业限期开工建设的通知	投促局	10月8日
41号	印发《驰名、著名、知名商标及品牌产品奖励办法》的通知	工商分局	10月9日
42号	大力实施商标战略意见	工商分局	10月9日
43号	成立农网改造升级工作领导小组	经发局	10月10日
44号	关于成立区长虹工业园二期拆迁推进工作领导小组的通知	城统局	10月23日
45号	印发《项目推进工作2015年考核办法》的通知	产服中心	10月28日
46号	九九佳园托管中心二期使用农发重点建设资金	经发局	11月4日
47号	督促泰格公司限期动工开发建设的通知	住建局	11月3日
48号	印发《建设工程管理办法试行》的通知	住建局	11月9日
49号	督促柏瑞电子限期动工开发建设的通知	住建局	11月10日
50号	关于杨天宝同志职务任免的通知	党群部	11月23日
51号	好圣二期汽车发动机核心零部件项目使用中国农发重点建设基金事宜的请示	经发局	12月3日
52号	关于印发《绵阳经济技术开发区网格化环境监管实施方案》的通知	住建局	12月16日
53号	关于印发《绵阳经济技术开发区设立镇环境保护机构工作实施方案》的通知	住建局	12月18日
54号	关于收购坤泰融资担保公司股权工作有关问题的批复	财政局	12月25日

续表

发文序号	文件名称	拟办部门	印发日期
55号	关于加快解决经开区万达10kV电力线路改迁工作的批复	住建局	12月28日
56号	关于给予农业生态园项目建设财政补助资金的批复	财政局	12月30日
57号	关于给予绵阳科发天达投资开发有限责任公司基础设施项目建设财政补贴资金的批复	财政局	12月30日
58号	关于管培林等同志任职的通知	党群部	12月31日

经开区综合办公室2015年度文件目录（绵经开委办）

表33

发文序号	文件名称	拟办部门	印发日期
1号	印发《绵阳经开区2015年重点单项工作任务进度安排和责任分工表》的通知	综合办	3月31日
2号	印发《经开区试试015年省级民生工程及民生大事目标分解及完成情况统计表》的通知	综合办	4月2日
3号	关于进一步加强督促检查工作实施意见	综合办	4月8日
4号	村（社区）干部基本医疗保险个人筹资补贴有关事宜	党群部	4月10日
5号	印发《绵阳经开区2015年全面深化改革工作要点》的通知	综合办	4月24日
6号	印发《党工委 管委会主任办公会会前学法方案》	综合办	5月5日
7号	印发《“三严三实”要求切实加强领导班子思想建设实施方案》的通知	党群部	5月7日
8号	印发《法治经开区建设2015年工作要点》的通知	司法所	6月1日
9号	印发《2015党风廉政建设和发腐败工作安排意见》	监察局	6月19日
10号	庆祝中国共产党成立94周年大会的通知	党群部	6月25日
11号	印发《经开区文明城市常态化建设工作方案》	文明办	7月24日
12号	印发《“四风”和腐败问题实施方案》的通知	监察局	8月24日
13号	开展“三走遍一深入”活动的通知	党群部	8月28日
14号	关于印发《2015年党风廉政建设和反腐败工作任务分工》的通知	监察局	9月1日

续表

发文序号	文件名称	拟办部门	印发日期
15 号	明确2015年重点责任分工的通知	综合办	9 月 6 日
16 号	下达 2015 年招商引资项目信息目标任务	投促局	9 月 9 日
17 号	成立商务发展和“互联网+”推进工作小组	经发局	9 月 14 日
18 号	明确区 2015 年目标牵头监控考评部门	综合办	9 月 14 日
19 号	印发 2015 年业务工作目标绩效考核表等文件	综合办	10 月 8 日
20 号	调整精神文明建设委员会成员的通知	文明办	8 月 14 日
21 号	转发《市落实从严治党责任制实施办法》	党群部	11 月 16 日
22 号	关于成立经开区高新技术和战略新兴产业推进工作领导小组的通知	经发局	11 月 20 日
23 号	关于印发《今冬明春集中开展“走基层　解难题　办实事”》的通知	党群部	12 月 10 日
24 号	关于印发《2015 年招商引资项目信息目标任务考核办法》的通知	投促局	12 月 10 日
25 号	关于印发《绵阳经开区领导干部述职述廉实施办法》的通知	监察局	12 月 1 日
26 号	关于印发《绵阳经济技术开发区人才发展专项资金管理办法》的通知	党群部	12 月 17 日
27 号	关于明确四川省产业园区综合考核评价办法（试行）部门的通知	党群部	12 月 17 日
28 号	关于印发《经开区加强和该机党的群团工作责任分工方案》的通知	党群部	12 月 25 日
29 号	关于印发《2015 年度党组织书记抓党建工作述职评议考核工作方案》的通知	党群部	12 月 25 日
30 号	关于做好元旦节放假期间有关工作的通知	综合办	12 月 30 日
31 号	关于成立晶彩科技项目服务协调小组的通知	综合办	12 月 31 日

续表

序号	授奖单位	获奖单位	获奖名称	获奖文号	发文（奖牌）时间
15	共青团绵阳市委	经开区创业工作站	2014 年创业促进工作先进集体	文件	2015.01.23
16	市委网络安全和信息化领导小组办公室	经开区党群部	舆情办理先进单位	绵委网安办发〔2015〕1 号	2015.01.27
17	市人社局	经开区党群部	2014 年全市人力资源社会保障工作优秀单位	绵人社办〔2015〕78 号	2015.04.17
18	市委组织部	经开区	2014 年全市党内统计全优报表单位	绵组通〔2015〕137 号	2015.11.16
19	市委组织部	经开区党群部	2014 年全市公务员统计优秀报表单位	绵组通〔2015〕150 号	2015.12.09
20	市委统战部	经开区党群部	2015 年非公有制经济代表人士工作先进单位	绵委统发〔2015〕35 号	2015.12.30
21	市妇女联合会	经开区妇工委	2015 年业务目标综合考核一等奖	团妇发〔2015〕20 号	2015.12.31
22	市委宣传、邮政分公司	经开区	2015 年度党报党刊发行工作先进单位	绵委宣发〔2015〕99 号	2015.12.29
23	区党工委	经开区党群部	先进基层党组织	绵经开委发〔2015〕4 号	2015.06.25
24	市委、市政府	经开区	2014 年度工业经济发展先进单位	绵委〔2015〕84 号	2015.03.28
25	市安委会	区经发局	2014 年度安全生产工作先进单位	〔2015〕8 号	2015.04.13
26	市安全生产监督管理局、市总工会	经开区管委会安办	全国职业病防治知识竞赛活动优秀组织单位	绵安监〔2015〕5 号	2015.01.21
27	国家统计局绵阳调查队	经开区经发局	2015 年规模以下服务业抽样调查工作考评三等奖	绵调字〔2015〕37 号	2015.11.20
28	国家统计局绵阳调查队	经开区	2015 年度规模以下工业抽样调查工作考评三等奖	绵调字〔2015〕39 号	2015.11.24
29	市发改委	经开区经发局	2015 年度全市价格监督检查工作先进单位	绵市发改检查〔2015〕608 号	2015.12.14
30	绵阳市人民政府安全生产委员会	经开区管委会安委办	2015 年全市“安全生产月”活动先进单位	绵安委〔2015〕32 号	2015.12.15
31	绵阳市统计局办公室	经开区经发局	2015 年度园区工业统计工作先进单位	绵统计办发〔2015〕59 号	2015.12.16
32	绵阳市统计局办公室	经开区经发局	2015 年度全市国民核算统计工作园区先进工作奖	绵统计办发〔2015〕61 号	2015.12.23

续表

序号	授奖单位	获奖单位	获奖名称	获奖文号	发文（奖牌）时间
33	市统计局	经开区	2015 年度建设领域统计工作先进单位	绵统计办发〔2015〕65 号	2015.12.30
34	市统计局	经开区	全市人口就业统计工作考评三等奖	绵统计办函〔2015〕19 号	2015.12.31
35	市科技局	经开区科技局	绵阳市科技工作优秀单位	绵科发〔2015〕7 号	2015.03.12
36	市知识产权局	经开区科技局	绵阳市知识产权工作先进单位	绵知发〔2015〕7 号	2015.02.05
37	市科技局	经开区科技局	2015 年度全市科技创新工作先进单位	文件	2015.12.30
38	市知识产权局	区知产局	2015 年度知识产权工作先进单位	绵知发〔2015〕25 号	2015.12.30
39	绵阳市环境保护局	区住建局	2014 年度全市环保系统绩效考核二等奖	绵环发〔2015〕23 号	2015.01.23
40	绵阳市防震减灾局	区住建局	2014 年度防震减灾科普宣传先进单位	绵震发〔2015〕19 号	2015.02.12
41	市住房和城乡建设局	区住建局	2014 年度全市住建工作先进单位	绵建局函〔2015〕25 号	2015.01.27
42	市小额人保领导小组	经开区	2015 年度全市农村小额保险工作先进单位	绵小保发〔2015〕2 号	2015.10.29
43	市财政局	区财政局	2014 年度财政宣传和财政信息工作三等奖	绵财办〔2015〕2 号	2015.01.12
44	市委市政府目督办	经开区	经开区多措并举强力推进二环路拆迁工作(与松垭镇共享)	督查通报第 15 期	2015.09.09
45	绵阳市森林防火指挥部	经开区城统局	森林火灾隐患排查整治活动先进单位	绵森防指〔2015〕14 号	2015.07.06
46	绵阳市森林防火指挥部	经开区城统局	森林防火宣传工作先进单位	绵森防指〔2015〕15 号	2015.07.06
47	绵阳市农业局	经开区城统局	农业系统 2015 年度工作综合考评三等奖	绵农发〔2015〕156 号	2015.12.30
48	绵阳市水务局	经开区城统局	2015 年度全市河道管理及河湖管理体制改革工作先进集体工作综合考评三等奖	绵水河管〔2015〕38 号	2015.12.31
49	市献血领导小组	经开区社发局	2014 年度无偿献血先进单位	绵献血组〔2015〕2 号	2015.06.10

续表

序号	授奖单位	获奖单位	获奖名称	获奖文号	发文（奖牌）时间
50	经开区管委会	经开区社发局	2014 年度安全生产先进单位	表彰奖牌	2015.01
51	绵阳市食品安全委员会	经开区食安委	全省食品安全示范创建现场会筹备工作先进单位	绵食安委〔2015〕10 号	2015.08.20
52	市卫生执法监督支队	经开区社发局	2014 年整顿医疗秩序打击非法行医专项行动三等奖	荣誉证书	2015.01.30
53	绵阳市卫生执法监督支队	经开区社发局	2014 年度公共场所卫生监督量化分级管理和商场影剧院量化试点工作及 A、B 级单位增长 优秀单位	荣誉证书	2014.12
54	绵阳市卫生执法监督支队	经开区社发局	2014 年度饮用水和公共场所卫生监督工作综合考核 一等奖	荣誉证书	2014.12
55	绵阳市教育体育局	经开区社发局	2014 年教育体育工作目标考核一等奖	绵教体函〔2015〕96 号	2015.03.17
56	绵阳市教育体育局	经开区	2015 年全市青少年体育锦标赛团体综合奖	绵教体函〔2015〕518 号	2015.12.30
57	绵阳市残疾人联合会	经开区	2015 年度残疾人专项调查工作先进单位	绵残办〔2015〕71 号	2015.12.30
58	绵阳市残疾人联合会	经开区	2015 年度“量服”工作先进单位	绵残办〔2015〕73 号	2015.12.30
59	绵阳市人民政府残疾人联合会	经开区社发局	2015 年度残疾人工作先进单位	绵残工委〔2015〕8 号	2015.12.30
60	绵阳市民政局	经开区社发局	2014 年度全市民政工作优秀单位	绵民发〔2015〕4 号	2015.02.06
61	绵阳市民政局	经开区社发局	2014 年度救灾救济福利和社会救助工作先进单位的通报	绵民函〔2015〕22 号	2015.02.06
62	绵阳市民政局	经开区社发局	2014 年度社会事务工作先进单位	绵民函〔2015〕23 号	2015.02.06
63	市维稳领导小组	经开区党工委、管委会	2014 年度维稳工作先进县市区	绵稳发〔2015〕3 号	2015.02.27
64	市综治委	经开区	2014 年度市级平安建设先进县市区	绵综治委〔2015〕3 号	2015.02.27
65	市委办、市政府办	经开区党工委、管委会	2014 年度信访综合工作先进集体（二等奖）	绵委办〔2015〕15 号	2015.03.01

续表

序号	授奖单位	获奖单位	获奖名称	获奖文号	发文（奖牌）时间
66	市委、市政府	经开区党工委、管委会	2014年度信访积案化解工作先进集体	绵委办〔2015〕15号	2015.03.01
67	市委防邪领导小组	经开区	2014年度反邪教警示教育先进单位	绵防范组〔2015〕1号	2015.03.06
68	市委防邪领导小组	经开区	2014年度反邪教涉外斗争先进单位	绵防范组〔2015〕1号	2015.03.06
69	市信访局	社管办	20150604全市信访创“三无”交流发言	文件	2015.06.04
70	市群工局	区社管办	2015年度全市信访业务工作：网上信访先进集体	绵群〔2015〕186号	2015.12.30
71	市群工局	区社管办	2015年度全市信访业务工作：信访事项复查复核工作先进集体	绵群〔2015〕186号	2015.12.30
72	市群工局	区社管办	2015年度全市信访业务工作：信访信息宣传工作先进集体	绵群〔2015〕186号	2015.12.30
73	市政府信访事项复查复核委员会	经开区	2015年度信访复查复核工作先进集体	绵府信复委〔2015〕5号	2015.12.10
74	市城管局	区城管分局	2015年度数字城管工作先进单位	奖牌	2015.12
75	市委宣传部依法治市办	区党群工作部	《法律人在行动》优秀法治文艺节目	绵委宣发〔2015〕6号	2015.01.16
76	市文明办	经开区	2014年度专项工作先进单位（道德典型学习宣传）	绵文明办〔2015〕5号	2015.01.30
77	市文明办	经开区	2014年度专项工作先进单位〔文明县城（城区）创建〕	绵文明办〔2015〕5号	2015.01.30
78	市文明办	经开区	2014年度专项工作先进单位（未成年人思想道德建设）	绵文明办〔2015〕5号	2015.01.30
79	市文明办	经开区	2014年度专项工作先进单位（志愿服务活动）	绵文明办〔2015〕5号	2015.01.30
80	市委网安办	区党群工作部	舆情办理先进单位	绵委网安办发〔2015〕1号	2015.01.27
81	市委宣传部	经开区	2014年度目标考核特等奖	绵委宣发〔2015〕10号	2015.01.29
82	市委宣传部	经开区管委会	十佳网络理政案例（皂角树街道的烂路问题）	绵委宣发〔2015〕34号	2015.06.12
83	市委宣传部	经开区	优秀节目特等奖《归来》	绵委宣发〔2015〕72号	2015.01.27

续表

序号	授奖单位	获奖单位	获奖名称	获奖文号	发文（奖牌）时间
118	市公安局	城南公安分局	“9·26”系列专案组荣立集体三等功	奖牌	2015.05.06
119	省公安厅	城南公安分局	全省公安机关“一标三实”工作成绩突出集体	奖牌	2015.08
120	市政府	区管委会	2014 年度消防工作先进单位	绵府函〔2015〕75 号	2015.04.23

索 引

Index

Y